大夏书系·全国中小学班主任培训用书

谢德华 ——— 著

好生活就是好教育

小学班级生活育人的实践探索

华东师范大学出版社
ECNUP
全国百佳图书出版单位
· 上海 ·

图书在版编目（CIP）数据

好生活就是好教育：小学班级生活育人的实践探索 / 谢德华著 . —上海：华东师范大学出版社，2022
ISBN 978-7-5760-3268-0

Ⅰ.①好…　Ⅱ.①谢…　Ⅲ.①生活教育—教学研究—小学　Ⅳ.① G621

中国版本图书馆 CIP 数据核字（2022）第 174425 号

大夏书系·全国中小学班主任培训用书

好生活就是好教育
——小学班级生活育人的实践探索

著　　者　谢德华
责任编辑　张思扬
责任校对　杨　坤
封面设计　奇文云海·设计顾问

出版发行　华东师范大学出版社
社　　址　上海市中山北路 3663 号　　邮编　200062
网　　址　www.ecnupress.com.cn
电　　话　021-60821666　　行政传真　021-62572105
客服电话　021-62865537
邮购电话　021-62869887　　地址　上海市中山北路 3663 号华东师范大学校内先锋路口
网　　店　http：//hdsdcbs.tmall.com/

印　刷　者　北京密兴印刷有限公司
开　　本　700×1000　16 开
印　　张　13.5
字　　数　199 千字
版　　次　2022 年 11 月第一版
印　　次　2022 年 11 月第一次
印　　数　6 100
书　　号　ISBN 978-7-5760-3268-0
定　　价　49.80 元

出 版 人　王　焰

（如发现本版图书有印订质量问题，请寄回本社市场部调换或电话 021-62865537 联系）

序 / 以研究的力量提升班级生活的品质

教研员往往是教师专业发展的关键人，是当地教育改革与发展至关重要的引领者。而多年与谢德华老师的交往与合作，让我更体悟到这一点。在这本书中，读者也能读出一位德育教研员的思考、感悟、探索，读出他带动、指导、支持一位位班主任走向专业发展之路的历程。

在这本书中，作者带动我们思考班级建设中的基本问题。从对班级生活之本质的追问开始，进而到每一章对核心问题的明晰和思考，结合作者的体悟和阅读，形成理性与情感结合的问题域。有着这样思考的习惯和能力，有着发现的意识和丰富的体验，使得作者能不断深入到班级建设、班主任和儿童发展的研究领域之深处。而这，对于当前的班级建设而言，具有重要的意义。唯有确认了合理的研究问题，明晰了改革与发展的方向，各类策略、方法、技巧才能融入到发展战略之中，发挥其应有的作用。

作者的写作，也没有采用零碎的写法，尽管那种表达方式也比较常见。

作者在深入解答问题的过程中，依然保持着整体的意识。如作者从时间维度对班级生活进行理解，将班级生活分成五类：集体建设日、常规学习日、文化节庆日、休闲假期日、成长仪式日；在每一类型中，又作进一步的细分。通过对这样的具体结构的呈现，作者邀请读者一起去感悟整体中的局部，以及局部所反映着的整体。

而最为难得的，是作者以事实来回答各类问题。班级建设领域的问题不可谓不多，班主任工作与发展的各类障碍不可谓不多。但是，如果仅仅停留在"说"的层面上，而未能真正投入实践变革，未能在实践中校正方向、检验知识，则师生的班级生活可能依旧缺乏成长气息。作者在本书中呈现的，就不仅仅是一种知行合一的态度和工作方式，而且是一种充满创造精神、不断实现理想的过程，是体现研究性变革实践者之力量的过程，是带动、组织、支持一位位小学班主任开创新局面、创造班级新生活的过程。而且，书中所呈现的改革实践，更在彰显本领域的独特价值与发展空间。一个个真实的案例，反映的是中国班主任群体真实的专业精神和专业智慧，体现的是中国班级建设领域的活力和创造力！

这样的创造性实践，不仅仅留下了以这本书为依托的知识形态，而且，更为重大的意义在于促成更多班主任的成长。我认识书中提到的许许多多的班主任，也曾和谢德华老师一起参与相关研讨；但谢德华老师的投入度比我高很多，也因此，形成了与很多班主任深厚的情谊、合作发展的关系、共同创造的局面。当更多的班主任通过合作研究，通过阅读本书，形成本书所倡导并源自班主任的实践创造的视角、立场、思维方式和工作方式，不断唤醒自己所拥有的创造力，不断融入到充满可能性的专业生活中，则本书所期望的"让班级每一天都闪亮"的理想，就会在更多地区实现。

作为教研员，本书作者通过持续多年的坚持与投入，形成了应有的知识创生与实践变革，培养了更多优秀的班主任，造福了一方的学生和家长。而本书的出版和公开发行，也许会形成更大的凝聚力、召唤力，将拥有这一教育理想、追求这一工作方式、信仰这一发展理念的各地教研员、中小学班主任、高校与科研院所的科研人员吸引在一起，并通过共学互学的力量，融入到当前的教育变革之中。

这值得期待，也值得相信！

李家成

写于上海终身教育研究院

2021 年 7 月 15 日

前言 /

班级生活就是师生
共同过日子

　　作为一个区域德育教研员，我经常发现师生们对班级工作有两种比较极端的反应。有的老师喜欢做班主任，常年奋战在一线，乐此不疲，即使学校体谅并想免掉他的班主任职务，他往往还不乐意；而有的老师特别反感，甚至害怕做班主任，如果不是评职称的硬性要求，怎么说他也不愿意做班主任，甚至还愿意倒贴津贴辞去班主任工作。学生们对班级工作也有类似的两极情感。为什么会出现这种情况呢？我思考了许久未曾得到答案。

　　2014 年 9 月，我们迎来了华东师范大学"新基础教育"团队，深圳市光明区五所学校整体加入"新基础教育"实验，学生项目组由我负责日常工作。因为工作关系，我有较多机会接触叶澜教授，并大量阅读"新基础教育"相关书籍，在她与团队专家的指导下，我们慢慢认识到班级管理不只是一种管理，更应该是一种共同生活。师生们对班级工作的不同态度，实质上是在班级生活中的体验有差异。

班级生活是什么呢？顾名思义，就是师生们在班级里的生活，是班级全体师生为班级建设和发展而进行的各种活动。每一个班级都有自己的生活，有些丰富，有些局限，有些好动，有些好静，有些充满欢乐，有些充斥悲伤，不同的班级通过班级生活呈现出不同的个性面貌，反映出不同的班级形象与气质。实事求是地说，当前中小学班级生活总体状况是不乐观的，李家成教授说，"当下许多学生与班主任其实过着一种缺失生命活力的班级生活，班级生活的价值取向与具体目标尚停留在'前教育'阶段……更关注的是'管理'而不是'教育'，强调的是'有序'而不是'活动'，聚焦的是'任务完成'而不是'潜力实现'，实现的是'单向度'的发展而不是'生命成长'"①。的确，我们在许多班级中，可以看到这种规训式、技术化的管理，学生生活是压抑的，教师生活也是压抑的。

班级生活应该是什么样呢？生活与教育密不可分，教育具有生活性，生活同样具有教育性。正如陶行知所说，好生活即是好教育，坏生活就是坏教育。针对当下班级生活的背景，我们认为应该建设一种有教育性的班级生活，那种规训式、技术式的班级管理应慢慢转向综合性的、成长性的班级建设，以此培养主动健康发展的生命个体。相对于单向度的班级管理，班级生活尤其是小学阶段的班级生活应具备以下特点：一是"儿童的"生活。这是从生活的主体而言的，这种生活不是教师赋予的，而是儿童自主参与并创造的。儿童是班级生活的主人，儿童根据自己的需要组织开展活动，进行多元交往，形成他们自己的生活。教师作为"长大了的儿童"，应以同理心参与并帮助建设儿童的生活。二是"有趣的"生活。这是从生活的性质而言的，要在活动内容和形式上进行儿童化的改造，符合儿童的身心特点。游戏是儿童存在的方式，在小学阶段应特别通过游戏让班级生活变得简单、好玩，富有童趣。三是"丰富的"生活。这是从生活的可选择性而言的，要求班级应

---

① 李家成：《以新型班级生活提升班主任和学生的生命质量》，《人民教育》2016年第3-4期，第56-59页。

有大量的儿童自由活动时间。目前在应试的压力下，许多班级生活被简化为学科学习生活，我们呼吁要把班级还给学生，还要在班级时空中引进更多的资源，以此促进儿童自由地、个性地成长。

如何建设班级生活呢？众多专家学者从不同的维度给出了很多答案，通过集体讨论并参阅相关文献，我们形成了"班级生活就是师生共同过日子"的共识。区别于传统班级生活对具体人员、具体事项的研究指向，我们从时间维度对班级生活进行重新认识和建构。我们按过日子的方法，将班级生活分成五类。一是集体建设日，包括班级组织建设、班级文化建设、班级学科学习、班级家校社协同，主要是有助于形成良好班集体，是班级生活中最基础性的活动。这类活动不做好，往往会影响班级生活的正常展开，也会给班主任带来较大的管理与建设压力。二是常规学习日，包括早间、课间、午间和放学之后四个学段，其实就是班级意义上的普通一天，是每个班级和学生最日常的生活，却也具有最深刻的影响力。三是文化节庆日，包括传统节日、现代节日纪念日、校园节会和班级自主节日。相对于常规学习日，文化节庆日是与众不同的日子，是学生班级生活的一抹亮色，是学生学习之余欢庆、娱乐的重要载体，对学生身心和谐、人际和谐具有极大价值。四是休闲假期日。假日是学生最期待的日子，是学生放松、调整、再出发的重要时段。我们按时间长短将假期分成四类，即周末、小长假、寒假和暑假。五是成长仪式日，就是举行成长仪式的特定日子，是孩子成长过程中的重要节点。把握好这些节点，将会使学生更明晰自我成长的阶段感，有助于自我调整和完善。依据性质的不同，将这些节点分成四类，即生日活动、组织仪式、学业仪式、综合庆典。

正是基于对班级生活的认识和理解，我们开始开发班级生活的教育性。前后六年多，坚持每学期组织三轮集中研讨，每次研讨三天，每半天进入一所学校，分别呈现两节课例、一个专题报告、一场专题讨论，最后形成一份研讨记录，就这样我们前前后后进行了28轮研讨，积累了近500个班会课例，慢慢明晰了不同类型日子的生活育人价值与开发策略。我与班主任老师们一起备课、一起听课、一起评课，深深体会其中的酸甜苦辣，深感实践才是理论的真正来源，于是我决定围绕班级生活这个主题，从教研员的视角，将我自己听过的、看过的和参与过的班队活动整理起来，以边叙边议的方式形成文字，一方面呈现深圳市光明区班级生活建设专题探索的全貌，展现团队同事们的共同努力，另一方面也梳理提炼出相应的规律性内容，希望能对其他同行，特别是对小学班主任和学校德育管理者有所启发。

目录 CONTENTS

第一章

集体建设日生活育人

集体是许多人合起来的、有组织的整体。在本书中，集体特指班集体，是以班级为单位，按集体主义原则组建起来的师生群体。集体建设是班级工作的中心任务之一，也是其他班级工作的基础。班级集体建设日，顾名思义，就是直接以班级集体建设为主题开展活动的日子。

根据对班级生活的理解，我们把班级集体建设分为四个方面：组织建设、文化建设、学科学习发展、家校社协同。我们要围绕这些内容进行优化，提升育人效果。

第一节　让组织建设体现全员参与

一、班队组织建设有什么问题？

　　　　　　五道杠少年引发网络热议

2011 年 5 月，有一个佩戴"五道杠"的少年走红，在网上引起了热议。

据了解，黄××13 岁，是某寄宿学校初一的学生，现任中国少先队某市副总队长。黄××的博客开通于 2011 年 2 月 8 日，迄今仅发布了一篇博文和 2 个图片专辑。5 月 1 日以前，该博客的点击率并不高，但截止到昨晚 8 时，博客的浏览量已超过 90 万，评论数千条。其中，一张黄××在少先队总队部阅读文件的半身照，浏览量达到 3 万，网友回复 247 条。照片中，黄××戴着"五道杠"少先队牌，表情严肃，认真地审阅着手里的文件。有网友评价"太有范儿了"，但是也有网友质疑，一名网友表示"看来家里关系挺硬"。

黄××在《开博前言》的博文中称，开通博客"是想表达自己为了'中华民族之复兴，续写汉唐之盛世'的修身齐家、济世安邦之信念、气度、襟怀、理想和抱负"。对此，网友"月下荼靡"表示："明明是青春纯真的童年时代，却被培养成这样，模仿大人语气写文章，不知道是该责怪社会还是责怪家长老师。"也有网友觉得文章内容空泛，疑为父母师长代写。前来博客围观的网友中，对黄××持肯定意见的人也有，赞扬黄××志向远大，多数人表示难以接受"官样小大人"。有网友翻出黄××以前的新闻报道：

两三岁开始看《新闻联播》，出版 20 万字的个人成长实录，每月两次照顾福利院老人……网友认为，自始至终就有家长或者第三者人为包装和炒作的痕迹。[①]（长江商报记者张瑜珉）

在传统的少先队组织序列中，小队长佩戴一道杠，中队长（委）佩戴二道杠，大队长（委）佩戴三道杠。在此基础上，个别地方少先队组织自行创新，区级大队长（委）佩戴四道杠，而市级总队长（委）则可享受五道杠待遇。这本是少先队组织内部管理与建设的内容，但却引起了网友的巨大争议，成为当年热门的网络事件。这反映了我国班队组织建设存在一些问题，主要是官本位倾向严重。所谓官本位，就是一种"以官为本，以官为贵，以官为尊"的价值观，把是否当官、官职大小当成主要标准去衡量个人的社会地位与价值。这种社会上的不良文化，目前广泛渗透于学校教育中，甚至波及小学生及其班级。

一是等级化。这里主要是杠的数量问题。该事件发酵后，全国少工委正式发文，要求各地不得擅自改变组织的标志，当地相关部门也撤销了五道杠。尽管形式上作了一些改变，但是在我看来，无论是一二三还是一二三四五，其实都是模仿成人军衔、官衔的一种等级性的序列，体现的是差异，强化的是观念。回到具体的班级，大家习惯把少数人当作班干部，其他同学很自然地被称为群众，在无形中体现了官本位的思想和文化。

二是精英化。我们认真找一下黄同学的简历，就会发现他从一年级下学期就正式成为班长，常年连任。他二年级入队成为中队长，三年级成为大队委，同年进入区总队，成为区总队委，之后又当选市少先队总队副总队长。我自己对年年连任班长特别感兴趣，从某个角度来讲，班长是一个稀缺资源，但是却被连任的少数人"垄断"，这样必然会减少其他同学的机会，其实把教育精英化与全民化的矛盾给突出了。

组织生活是一个人社会生活的重要组成部分，对个性形成有着重要的意

---

① 《武汉"五道杠少年"网上走红，网友称其要官腔》：http://news.qq.com/a/20110503/000086.htm。

义。而在中小学，班级是不能回避的主要组织形式，孩子们在班级组织中的生活质量，也影响着他们的成长过程，影响着他们的人生观与价值观。五道杠少年事件反映的等级化、精英化，在一定程度上表现了当前小学班级组织建设存在的问题，其核心是把班级组织当作管理性组织，承担管理功能，而班级干部则被定位为协助班主任管理的小助手，即管理型干部，这是一种行政化思维，容易培养出一批行政取向的官员，进一步强化官僚文化。

童话大王郑渊洁曾建议取消班干部制，他比较夸张地说"小学班干部制度是在培养汉奸。汉奸有三个特点：为强权效力；告密；奴役同胞"。我们认为取消现行的班级组织制度是不现实的，关键要将组织建设的理念回归到育人层面，将班级组织当作教育性组织，当成是培养学生公共服务意识、公共服务能力、公共服务素养的独特载体。因而，要丰富班级组织形式，建立班级岗位、小队、社团，让全体学生在多样化的组织参与中成事成人。

二、要开展全面设岗

岗位本指守卫、执勤的地方，班级岗位是班级某一特定事务的具体承担者。相对而言，班干部带有职位性质，有等级色彩，而班级岗位更加具体，更加平等。因此，我们希望在班干部基础上，倡导以事务为基础设立不同的班级小岗位。

| 案 例 | 小岗位，大成长 |

光明区李松蒽学校的刘英武老师喜欢思考，在她看来，班级是个小社会，各类事务形形色色，应有尽有，有学习类、生活类等。她将班级岗位划分为不同类型，让每位同学分别承担，从而实现了人人有岗位，人人能参与的局面，不但很好地完成了班级常规管理和有序建设，而且还促使了同学们在岗位实践中得到历练和成长。下面是她的四（2）班的一些具体岗位安排及其职责。

卫生岗位组成员：

李××：卫生角警长（督查卫生角卫生，提醒值日生倒垃圾）

张××：风扇扇长和电灯灯长（开灯、开风扇，集体离开教室时关闭）

张××：绿化小天使（给盆栽浇水，修剪枯枝败叶，清洁盆栽）

冯××：黑板美容师（提醒值日生擦洗黑板，监督乱涂乱画行为）

吴××：门窗小管家（早上开门窗通风，放学后关闭门窗）

陈××：桌椅小排长（课间检查桌椅是否整齐）

艺术岗位组成员：

谢××：音乐科代表（管理音乐课纪律，带头组织音乐类比赛）

樊××：舞蹈小天使（组织舞蹈类节目表演）

张××：歌唱小能手（组织同学们学习班歌、校歌等）

侯××：美术科代表（管理美术课纪律，带头组织美术类比赛）

贾××：钢琴小王子（组织乐器表演）

钟××：架子鼓使者（组织乐器表演）

刘老师的班级岗位设立以后，各项工作很快走向了正轨，学生还主动承担了一些学校及区级的班队活动展示，包括十岁生日会，得到了参与老师与家长的认可。

我们认为岗位是学生实践锻炼的重要舞台，必须重视设岗的全面性，让每位学生都有自己的岗位。当然这些岗位不是一成不变的，除了定期开展轮岗活动，让每个孩子了解每个岗位的必备知识，体会不同的岗位技能，还可以从促进学生发展的角度，对岗位本身进行再丰富。

一是横向上的拓展。把班级岗位看成一个基础，让学生的实践锻炼继续延伸到校级岗位，包括校级文明岗、校长小助理岗，帮助处理年级和学校事务；也可以延伸到家庭岗位，包括家务小能手、家庭营养师，帮助家庭成员减轻家务负担，提升健康水平；还可以在有条件的情况下发展社会小岗位，包括社区志愿者、垃圾分类宣讲员、博物馆讲解员等，提升社会服务意识和水准。

二是纵向上的延伸。考虑到学生的年龄差异，在不同年段对岗位进行动态调整，满足学生的不同成长需要。在低年段尽量多设一些难度不高、操作简单的岗位，让学生能够独立完成，获得成功感，如地面美容师、电灯管理员、植物小天使等；在中年段可以适当提高难度，结合学科学习设置相应岗位，如早读领诵员、游戏创编员、故事小主讲等；而在高年段则要删减一些过于简单的岗位，如黑猫小警长、卫生小喇叭，增加一些拓展类岗位，如班级外交委员、班主任小助理、新闻播报员，丰富班级生活。

三是临时岗位的安排。考虑到班级岗位大多是常设性的岗位，对一些临时性的工作，比如运动会、科技节、艺术节等活动，也可以设置一些临时性岗位。以运动会为例，可以设置运动员之外的其他岗位，如啦啦队员、摄影员、教练员、保管员，还可以设置卫生保健员，负责运动员的运动保健事宜；设置物资保障员，为运动员和班级同学提供用水等保障服务。只要我们善于观察、了解，就一定可以更全面地满足学生的成长需要。

当然，岗位建设与轮换方面可能也会遇到各种阻力，甚至会有些家长及学生反对。但是我们应把握岗位建设方面的初心，真正迈出班级生活育人的第一步。正如叶澜教授所说："班级管理工作主要不是为了让学生帮助班主任，而是让管理制度本身成为一种教育的手段与力量，开发学生的潜力，帮助促进每一个孩子更好地认识自己，实现主动健康发展。"[1]

三、要建设多种小队

小队，是人数少的队伍。在班级中，小队特指少先队中的基层组织。在一个班级中队里，可以建立若干个小队。小队的特点一是规模小，一般由七八个人组成，相互之间容易互动，能够发挥每个人的积极性；二是有共同的追求，小队一般有队名、队号、队标，还会完成共同的任务，往往比较团结。因此小队是班级组织的重要组成部分，不但可以完成一些个人无法完成

---

① 张向众，叶澜：《"新基础教育"研究手册》，福建教育出版社 2015 年版，第 243 页。

的大型工作，还能促进小队成员之间的合作与交流，发展小队成员的凝聚力和荣誉感。

案 例　　　　　　　　**第一次小队秀**

光明区李松蓢学校的陈家祺老师在二年级开学初，组织开展了第一次班级小队秀的活动，要求各小队以集体方式亮相，并表演一个集体节目。其中一个小队展示如下：

梦想小队上场，行鞠躬礼。

小队：（齐）大家好！我们是梦想队。我们的口号是：梦想梦想，不同凡响，超越梦想，展现自我！

队长：大家好，我是梦想小队的队长，我叫郭××，我是我们队的纪律委员，在排练时我负责管理好我们队的纪律。

副队长：大家好，我叫柯××，我是我们队的副队长，这是我们的队旗。它代表梦想有一双翅膀，一只是天赋，一只是勤奋，这样我们才能带着梦想飞翔。

生：大家好，我叫刘××，我是制作小队队旗的负责人。

生：大家好，我叫王××，我是我们队的"金话筒"，因为我会唱歌，我负责教大家唱歌。

生：大家好，我叫房××，我是我们队的小舞蹈师，因为我会跳舞，我负责教大家跳舞。

生：大家好，我叫柯××，我是我们队的"开心果"，因为我会讲笑话，队员们排练累了我就给大家讲笑话。

生：大家好，我叫张××，我是我们队的小导演，在排练时我负责教大家表演。

生：大家好，我叫王××，我是我们队的小记者，我负责活动的报道。

家长辅导员：大家好，我是梦想小队的家长辅导员，我负责在小队外出活动的时候保障小队安全，小队活动的时候进行记录和拍照。

队长：请大家欣赏我们的特色表演《最美的光》。

考虑到第一次集体亮相，最后各个小队都得到了相应的奖项，如人气小队奖、团结小队奖、勇敢小队奖、特色小队奖，孩子们都很开心，家长辅导员也很欣慰，一个个小队就这样初具雏形了。从材料中可以发现，大家以小队展示为契机，在完成任务的过程中，发挥了各自唱歌、跳舞、表演、讲笑话的特长，不但发展了个性，还初步形成了共同体，这与传统的班委会是不同的。结合陈老师的小队展示活动，我们认为可以依据不同维度，开发不同形式的小队形态。

一是时间维度。可以建立固定小队与临时小队，固定小队主要面向班级日常生活，陈老师的班级小队就是这个类型；而临时小队则是为参与一些临时活动而组建的小队，随着项目活动的结束而结束，比较灵活，适用面广。

二是空间维度。可以建立校内小队和校外小队，校内小队主要以班级小队为主，而校外小队主要是依托周末假期，利用社区等空间便利，围绕社区建设、社会实践来开展活动的共同组织，通常有假日雏鹰小队、社区小队，在一些农村地区还可以建立留守小队。

三是事务维度。一般而言，小队建设要与岗位设置相结合，根据岗位在小队里的类型可以分为两种，一是异类岗位组合的小队，二是同类岗位组合的小队①。异类岗位组合的小队中，每个成员承担不同的岗位工作，但各个小队的岗位组合是相同的。如陈老师班级组建的八个小队，几乎都有学习类、劳动类、文明类等岗位，相互之间可以开展竞赛。同类岗位组合的小队主要指由一个小队共同负责某类岗位工作，如卫生小组、生活小组、宣传小组、劳动小组，到了高年级就可以组成班级部门了。当然也可以让每个成员加入两个小组，分别接受异类岗位组合和同类岗位组合的小队管理，会更加丰富

---

① 李家成，王晓丽，李晓文：《"新基础教育"学生发展与教育指导纲要》，广西师范大学出版社2009年版，第 149 页。

孩子们的交往。

　　小队的形成与发展，需要一个过程。低年级学生的合作意识比较弱，能力发展还比较缓慢，需要一点点地引导，要求过高过快反而不利于小队的建设与发展，因此必须依靠成人的指导和帮助。一方面要依靠教师，要加强辅导员教师的专业培训，提升小队建设的指导能力。另一方面要借助家长资源，聘请家长担任小队辅导员，既可以分担教师工作，又可以依托独特优势，帮助小队稳定发展。

四、要推动班级社团建设

　　班级学生社团，是班级学生根据某些共同兴趣爱好，在自愿基础上形成的互益性组织。原本是在大学阶段比较流行，随着影响的不断扩大，在中小学中也开始发展起来了。

案　例　　　　　　　　　　**特别的网络玩伴团**

　　2020年新冠肺炎疫情发生以后，光明区马田小学的陈甲坤老师在2月5日用问卷星做了一个调研问卷，了解学生在疫情下的生活现状及其感受，经过初步统计，绝大多数学生都是"不出门、宅在家里、出行受到限制"，并感到"很无聊、很寂寞、非常无聊"。怎么办呢？陈老师想到了网络，希望建设班级网络玩伴团，得到了同学们及家长的认可。

　　2月11日，陈老师组织了线上的玩伴团招募会，采取召集人推介项目，其他同学报名参与的方式进行。以科学实验组为例，召集人利用网络通过视频展示了一个小实验，边演示边讲解："我给大家展示一个神奇的水中花实验。先拿出一张纸，画上自己喜欢的花朵，将画好的花剪下来，千万不要剪到小手哦。现在花朵已经做好，准备一盘水，然后把花折起来，放入水中。小朋友们，你们有没有发现这些花慢慢地开了起来，是不是很神奇呀？欢迎各位有兴趣的小朋友加入我们的小组，让我们一起探索科学的奥秘吧。大家可以扫我们的微信二维码入群哟。"然后召集人展示了本组的宣传海报和二维码,一套一套的,果然吸引了许多粉丝报名。另外,手抄报组、新闻播报组、智力游戏组也分别开展了招募活动,效果不错。

招募会结束以后,活动开始热火朝天地开展了起来,一直到 5 月 18 日开学,每个组都像是比赛似的推送活动报道,最多的一个小组做了 50 多期活动,成果丰硕,十分喜人。孩子们说:"我最开心的是画画能力提升了,动手能力也有进步,还交到了很多好朋友。每次网上开会的时候,都会发生很多好玩的事情,我觉得这真是一个开心的寒假啊。"陈老师还以玩伴团活动,承担了深圳市小学道德与法治学科线上公开课,全市有 2000 多名老师参与了观摩,给予了非常高的评价。

相对于班级小队、班委会等正式组织而言,学生社团是以兴趣为基础组合在一起的学生团体,成员之间更加平等,管理比较松散,有利于学生之间相互交流思想,切磋技能,增进友谊,同时也有利于学生丰富课余生活,提高自治能力。在疫情大背景下,陈老师组建社团的意义更加突出,特别是让学生形成了心灵上的相互支持,共同度过最难熬的心理危机期。因此,我们要创造条件,在班级尝试各种学生社团。

一是培养社团种子。社团的产生与发展,必然与某个项目密切相关,要发现和鼓励各种有意思的项目,不一定非局限在学习方面,一些冷僻项目可能更容易激发孩子们的兴趣与创造力。近期比较火的《最强大脑》,就有一些比较小众的智力游戏项目如魔表等,让人眼前一亮,类似这样的项目进入班级,相信有助于营造良好的班级文化氛围。还要借助家长、老师及专家的力量,帮助学生不断提高项目技能,发挥种子作用,这样才能真正发展出一个优秀的项目社团。

二是加强社团统筹。除了人之外,社团的工作还需要一定的时空保障。空间方面涉及不同社团需要合适的场所,因为不同社团占用的空间有可能重合,建议除了班级教室,还可以通过网络,合理利用不同的场所。时间方面涉及个体学习时间与社团活动时间、各种不同社团时间的冲突等,需要班主任引导召开社团活动协调会，采取针对性的措施。如除了常见的课后社团，还可以提倡课间微社团、午间微社团、周末小社团，解决时间冲突问题。

三是推进社团展示。社团的长足发展离不开展示，尤其是小学生社团，要以展促练，实现社团技能的全面提升。班主任应该创造节点，搭建一些平台，如在每天设置固定的晨会、午会时间，让每个社团轮流展示；也可以利用期末表彰会、家长会的契机，鼓励学生集体亮相；还可以通过现代传媒，以图片、视频的方式进行网络推送。

著名班主任工作研究者王晓春老师曾说过："我们平常总是说知识改变命运，其实细想起来，真正决定一个人命运的是他的性格、他的心智模型，这才是最要紧的……要想培养孩子良好的心智模型，最主要的办法是想办法让孩子接触高人。"[1]学校中如何结识高人呢？我认为参与社团活动是个很好的途径。

---

① 王晓春:《跳出教育看教育》，华东师范大学出版社 2015 年版，第 99 页。

第二节 让文化建设形成独特个性

一、教室需要什么文化？

案 例 六（2）班班规条例

奖

老师表扬 5 次记红花 1 朵，期末前 3 名参加快乐游 1 天。

罚

1. 早读迟到，中午补读 20 分钟，做起蹲 50 个。

2. 值日迟到，罚起蹲 100 个；没参加罚一周，做起蹲 150 个；值日打闹，罚起蹲 100 个。

3. 一节课违反课堂纪律 2 次，做起蹲 200 个（任何一门课）。

4. 乱写乱画黑板，赔粉笔 2 盒；损坏公物按价赔偿。

5. 课间追逐、打闹，罚起蹲 150 个，或做俯卧撑 25 个。

6. 令班流动红旗失分，做 150 个起蹲，隔离 2 天。

7. 午间吵闹，停止在校吃饭。

8. 两操不认真，提醒 2 次，罚起蹲 150 个；体育课迟到，罚蛙跳 50 个。

9. 乱丢垃圾，座位有纸屑，提醒 1 次后，罚捡全校垃圾。

10. 讲不文明、不礼貌语言，罚洗五楼男女厕所。

11. 不交作业须及时补交，否则罚起蹲 150 个。

12. 乱涂乱画他人物品，照价赔偿，并罚起蹲150个。^①

与此类似的班规并不在少数，如学习成绩不好、表现不佳戴绿领巾，上课迟到、说脏话、犯错误，必须换上一只解放鞋，以作为惩罚。如此等等，不一而足。这些表面上是一种管理制度，实质上是一种班级文化。实事求是地说，目前很多班级文化是有问题的，主要是控制性文化盛行。具体表现为：

一是内容严苛化。班级文化带有突出的成人化色彩，往往按照成人的意志来制定规则，采用成人化手段来保障执行，而本应作为班级文化主人的学生，几乎处于失语状态，只能被动执行，并没有发挥主体能动性。为了达到控制的目的，老师往往提出一些比较严苛的要求，让学生们遵守，一旦达不到要求，就要接受比较严厉的惩罚。

二是关系对立化。"几乎所有的教室都处于一种'害怕'的氛围里。老师们会害怕，怕上课学生不听自己讲话、怕班级吵闹失控会被其他老师知道、怕丢脸；学生更害怕，怕被老师骂、怕在同学面前出丑、怕总是做错题成绩不好、怕被父母训责。不仅是老师和学生，可能大部分教育工作者也在这样一个'害怕'的阴影之下。"^②在这种害怕、恐惧的氛围中，师生之间、生生之间的关系肯定是不融洽的，甚至是对立的。近年来，许多师生之间的极端案例，包括湖南少年弑师案等，都是这种对立关系的一种表现而已。

这种控制性的班级文化，即使其目的是为了促进学生的学业，也不是一种真正的教育，而是一种伪教育，甚至是反教育，它对学生心灵的伤害，可能是无法弥补的，还有可能通过班级学生进行代际传递，让冷漠与残酷不断扩张与传播，伤害就更大了。因此，我们认为文化是一种更深远的教育，应该倡导更正面的价值观，应从生命教育的高度出发，重新审视班级文化建设的内核和表现，在班级物质环境布置、班级心理环境创设、班级系列活动打造等方面不断努力，让班级充满温暖与信任。

---

① 吴世勇，卢奕婷：《立德树人视角下的班规建设》，《中小学德育》2015年第6期，第74-75页。
② 冯慧，沈逸：《中美小学班级管理比较研究》，《外国中小学教育》2015年第11期，第39-43页。

二、要建设宜居性环境

班级教室环境布置是班级文化建设的第一步，是班级物质文化建设的核心内容。怎么布置班级环境呢？这需要班主任与同学发挥集体智慧。

　　　　　　　　　　　　　一间秋天教室

光明区光明小学的曾旭红是一位有创新意识的老师。11月份，秋天都快过完了，但深圳好像还是夏天的样子，有孩子开玩笑："我们好可怜啊，连秋天都没有见过。"说者无心，听者有意，曾老师决定带领孩子圆一个"秋天梦"。她先引导学生"寻找深圳秋天的痕迹"，聪明的孩子很快就想到了树叶、蔬果等。于是曾老师建议同学们把秋天的这些树叶、蔬果搬进班级，用一种艺术化的方式布置教室。面对这个有挑战性的任务，同学们非常兴奋，有的说可以与美术相结合，做一些美术作品，有的说可以请教科学老师，做一些盆栽。大家自愿结合，形成了四个小组，认领了相关任务。

表 1　布置教室小队分工

小　队	认领阵地	收集材料	布置形式
秋实小队	教室后板报	收集辣椒、花生壳、玉米	涂色、用线串起来
秋叶小队	教室左边墙	收集校园、公园里的各类叶子	用叶脉书签、叶贴画贴墙
秋种小队	植物角	采访花农，确定植物并种植	自制小花盆，种植花草
秋色小队	走廊宣传栏	收集秋天古诗、蛋糕盘子	用干花、干草制作古诗盘子

让人印象特别深的是秋实小队，他们把红红的辣椒一个个地串起来，做成了亮眼的红项链；还把玉米粒用线串起来，做成漂亮的黄项链。还有秋叶小队，他们在美术老师的指导下，选用各种形状的树叶，经碱水浸泡以后，用牙刷刷去树叶外面的污垢，经过加工，做成了多姿多彩的树叶画，如螃蟹、孔雀，栩栩如生……最后整个教室布置完毕，非常漂亮，充满了浓浓的

秋天味道。

这是一间有特色的教室，是一间充满人文气息的教室，更是一间宜居的教室。大家可以试想一下，生活在这么一间五颜六色，充满生活气息的教室中，会是一种怎样的感受呢？红辣椒、黄玉米、多彩树叶，这些普普通通的材料，经过学生们的加工，就变成了装点教室的元素，不仅让教室的主题更鲜明，而且让师生们在与自然的亲密接触中体会到愉悦与舒适。

以此为例，我提出建设宜居性教室，就是希望教室布置科学、学习生活舒适、人与自然和谐共生，具体要从以下方面进行拓展。

一是卫生学。教室环境是学生长期学习生活的地方，生命健康及其安全应该放在第一位。根据相关专业人士的意见，我们认为需要注意三个方面的卫生保健问题。[①] 第一，保持良好的教室空气质量，春秋两季要保证充足的开窗时间，冬夏两季要兼顾教室内温度和空气质量的平衡。第二，保证教室课桌椅高度与学生身高匹配。第三，注重教室内的科学照明和采光。

二是美学。要注意座位摆放、空间布置与教室色彩的整体协调，其中教室的色彩要特别注意。一般认为，红色使人兴奋，给人以热情、精力充沛和积极主动的感觉；绿色给人以舒适感，具有自然情趣，是希望的象征；蓝色显露出和谐与友好，同时也标志着冷漠和疏远；黄色让人感觉温暖、轻快和乐观，同时也代表烦恼；白色让人联想到纯洁和神圣，同时也会给人以冷酷无情的感觉。教室的主色调宜采用柔和明亮又淡雅的绿色调，它给人以柔和、亲切、舒适之感，这有利于冷静处理问题和开发智力。[②]

三是教育学。要突出教室环境创设的教育功能，要把教室布置当作一门隐性课程。一方面要注重让学生亲自参与，成为课程的主体，另一方面要发挥每一个位置布置的独特育人价值，从而形成综合价值。比如，"图书角"供学生阅读课外书籍，丰富知识，开阔眼界；"生物角"使学生对自然生物

---

① 王文忠：《教室环境卫生建设应坚持"学生立场"》，《中小学管理》2018 年第 4 期，第 10—12 页。
② 刘天华：《优化小班教室环境，挖掘潜在教育功能》，《北京教育》2003 年第 1—2 期，第 23—24 页。

产生喜爱之情，培养环保意识；"荣誉角"摆放集体在竞赛中获得的奖杯、奖状，激发学生热爱集体的思想感情；"展示台"展览学生自己创作的手工、书画、艺术作品，增强学生的自信心；"操作台"给学生提供动手实践的舞台，训练学生勤于动手的习惯，促进创造力的发展。[1]

《窗边的小豆豆》是一本让人百看不厌的教育著作，除了小林校长独特的教育理念，吸引小豆豆的可能还有那独一无二的电车教室，"在这里，简直就像是一边学习一边在旅行一样！有行李网架，车窗也全部是原来的样子。要说有什么不同之处，那就是把司机的座位换成了黑板，把电车的长椅子拆了下来，换上了小学生用的桌子和椅子，桌椅朝着电车前进的方向摆放着"[2]。我们不需要都去建电车教室、秋天教室，但是可以力所能及地作些改进，创造自己的班级"巴学园"。

三、要丰富关怀性情感

光明区实验学校的何琳老师所带的三（5）班，取名为"小精灵班"，希望每一个学生都能相互关爱，快乐成长。如何把这种班级文化具体化呢？2020年元旦即将来临，有"爱你爱你"的谐音，何老师觉得这是一个很好的契机，于是与学生们商量，希望做一个特别的新年礼物交换活动，增进同学之间的感情。

案例　　　　　　　　　　　**新年礼物交换活动**

何老师首先鼓励每个同学亲手做一件礼物，交到班级进行统一编号，最后由班级同学抽签得到礼物。因为临近元旦，一些同学的礼物没有做好，个别同学的礼物还比较粗糙，于是老师便组织同学们做了交换活动的推进会，

---

① 刘天华：《优化小班教室环境，挖掘潜在教育功能》，《北京教育》2003年第1—2期，第23—24页。
② 黑柳彻子：《窗边的小豆豆》，赵玉皎译，南海出版公司2003年版，第30页。

希望能展示一些较好的礼物，启发更多同学修改和完善自己的礼物，同时激发大家对元旦交换活动的期待。

班会开始了，老师简要开了个头，便进入了重头戏——创意礼物大揭秘，总共展示了六件礼物，包括登山邀请函、奶油笔盒、书法作品集、班级相册、保温杯套、自制唇膏。自制唇膏是一个女同学在妈妈的帮助下，用天然蜂蜡制作而成，可以润唇抗燥，受到了追捧；保温杯套是一个女同学用毛线织成的，样式美观，而且此时正处冬季，很实用，许多同学表达了强烈的兴趣；最受欢迎的是登山邀请函，是一个男同学提供的，他是登山爱好者，在父亲的带领下，已经开展了多次专业登山活动，班会现场他用视频展示了登山过程中的一些专业装备与技能，很新奇，很有意思。他的礼物是邀请一位幸运的同学元旦假期去体验登山，大家特别踊跃……

更让人惊喜的是，语数英三位科任老师也为这次活动准备了礼物，而且还准备亲自参加这个活动，参与同学们的礼物交换。这个消息一发布，全班同学欢呼起来，将气氛推向了高潮。

我很喜欢这样的活动，觉得特别有人情味，串起了师生之间、生生之间美好的情感。在元旦来临之际，相信这也是一个很好的兆头，会为班级未来一年的和谐相处奠定基础。情感永远是文化中最隐秘但又最重要的一部分，相对于班级物质环境、班级制度要求，师生情感体现了班级的精神追求、关系连接。因此我们倡导在班级中开展类似活动，丰富关爱性情感，相信这将是孩子进取的内在动力，也是对班级依恋的源泉。在具体实践中，还要注意三点：

一是树理念。我观察过许多班级，外在表现各不相同，有的班级强调严明纪律，有的班级彰显学生个性，但好的班集体无一例外都充满爱与关怀。我认为，作为班主任，应当把爱与关怀作为班级建设的核心理念，要通过各种形式，将其牢牢地刻在同学们的头脑中。如李镇西老师每接一个新班，都会给同学们写一封信，信中总会有这样一句话——"让人们因我的存在而感到幸福"，这有助于在第一时间形成共识，成为班级师生的共同追求。

二是见行动。理念确定以后，更为重要的是具体实践，既要向何老师那样，利用节日契机开展关怀主题的活动，更要在日常生活中，关心、关注具体的人，尤其要注重对个别学生的特别关爱。班级中总有一些特殊学生，他们或有身体上的不足，或有个性上的缺陷，或家庭有困难等，会显得更弱势。教师要引导全体学生在尊重的基础上，对其施以特别的关爱与帮助，最好能形成班级传统。

三是作示范。毫无疑问，师爱是教育的基础，没有爱就没有教育，但问题是一些教师不善于表达，在学生表现良好的时候，往往会欣喜不已，喜色溢于言表，但在学生表现不好的时候，就往往忍不住发脾气，有人评论说这是一种"有条件的爱"。因此，教师要率先垂范，要对学生予以"无条件的关爱"，与前者相对，它关注的是人，不以行为的优劣、成绩的好坏而影响对学生的情绪、情感和态度。

情感在班级教育中真的如此重要吗？"与青春同行"的李镇西老师也许提供了另一种答案。2018 年 7 月 21 日，李镇西特意回到乐山，给他教的第一届"未来班"（乐山一中初八四届 1 班）学生上了"最后一课"，400 余名学生和粉丝从全国各地赶来，就为了赴这场青春之约。当看到台下 400 多名学生一起高呼"全体起立，老师好"，共同唱起 36 年前的班歌，我的眼睛湿润了。这可能就是班级情感的魅力吧，这一刻，持续 36 年的班级不是消逝了，而是变成了一种永恒。

四、要打造系列化活动

相对单个活动而言，系列化活动是一个活动串，由多个有内在联系的活动组合而成，主要是为了解决某些持久而复杂的问题，形成和升华某些重大教育主题。系列化活动有两个特征，一是主题稳定，二是时间长，容易形成品牌效应，对班级与学生有较深刻的影响。

光明区光明小学的林小燕老师长期执教低年段班级，是一位非常优秀的班主任。她认为一年级的儿童人小心不小，人小志不小，而且有很强烈的长大的愿望，老师不应该刻意压制这种需求，把孩子看小，而是应该高看孩子几眼，多创造一些实践的机会，满足他们"长大了"的情感需求。但是如何将这种想法付诸实践呢？她围绕"小小的我，大大的爱"，在一年级先后开展了五次活动。

案 例 **小小的我，大大的爱**

第一次活动是在2014年9月下旬，主题是"小小的我，甜甜的爱"。因为要迎接10月份的第一次大型活动展示，孩子们的仪容仪表、行为举止显得很重要，于是林老师鼓励孩子们积极乐观地表现自己，特别是在客人面前要有礼貌，要学会微笑，要把甜甜的笑容传递给他人，还在课堂上开展了有关微笑、站立、举手、问好等基本礼仪的训练。

第二次活动是在10月10日，主题是"小小的我，满满的爱"。恰逢国庆节刚过，林老师通过旅游中见到的乱扔垃圾、乱涂乱画现象，引出做清洁、讲卫生等问题，鼓励大家承担班级小岗位，为班级卫生纪律作贡献，用满满的爱维护班级荣誉。

第三次活动是12月18日，主题是"小小的我，暖暖的爱"。冬天到了，天气变冷了，一些孩子感冒生病了。林老师鼓励孩子们要学会多喝水，多运动，勤洗手，及时增添衣物，还倡议设立了健康提醒员、运动引导员等岗位，帮助同学们传递暖暖的爱。

第四次活动是2015年3月，主题是"小小的我，聪明的爱"。经过一个多学期的努力，孩子们的行为习惯初步养成，但课堂学习问题开始凸显，一些学生上课不认真，作业不按时完成，于是林老师从孩子们最喜欢的"聪"字入手，引导孩子们学会倾听，学会表达，学会思考，争取做聪明的孩子。

第五次活动是6月份，主题是"小小的我，美美的爱"。一个学年过去了，孩子们的行为表现越来越优秀，而林老师恰好要时常外出学习，于是她以老师不在班级为背景，提出了孩子们自己当家作主的要求，孩子们信心十足，还从纪律维护、学习安排、卫生保洁等方面提出了很多好建议，纷纷表示老师在与不在，都要一起当好这个家……

五次活动下来，系列性强，贯穿性好，教育效果明显。这个班的孩子从最初入学的稚嫩害羞，到一年后的从容自信，真的让人叹服。在三年级时，该班被推选成为广东省少先队红旗中队，学生和老师都得到了长足的发展。因此，我想到，开展系列化活动是班级文化建设的重要载体，对学生的社会性和个性发展具有积极作用。借用林老师这个实例，提醒班主任要注意以下两点。

一是活动的前移后续。这是从时间长度上而言的。将原来一两个小时的活动进行前移、后续式的扩充，变成相对完整的时间段。所谓前移，是指活动前期所作的准备，以及必要的教育活动。所谓后续是指主体活动之后，要有进一步的后续教育安排，或者落实教育活动中生成的各种要求，或者监督检查落实情况，或者提高要求，开展更高层面的教育活动。[1] 如此等等，就可以区分出不同的发展阶段与水平等级，给学生更多的参与机会，因而也更具有教育品质。

二是主题的纵横拓展。包括横向拓展，即围绕一个主题，从主题的不同维度开展相应的活动，如林老师根据一年级学生实际，鼓励学生从行为举止、岗位设立、课堂学习、健康生活等维度形成良好的习惯，较好地诠释了"大大的爱"的主题。也包括纵向延伸，就像林老师一样，把一个活动长期坚持做下去，每次活动做完后，师生共同反思得失，寻找下次活动的可能方向，实现活动的更新迭代，不断创生活动的价值，打造出有生命力的活动系列。

在活动系列建设上，还要避免为系列而系列的倾向。我们看到许多活动是从成人意志和需要出发的，过分追求一个形式上的完整性，生搬硬套、拼凑完成，往往会脱离儿童，有假大空的嫌疑，因此应面向儿童开展具体调研，真正了解儿童的所思所想，才能设计出学生真正喜欢的活动。

---

① 李家成，王晓丽，李晓文：《"新基础教育"学生发展与教育指导纲要》，广西师范大学出版社2009年版，第77页。

第三节　让学科学习发展多元素养

一、学科学习与班级建设是什么关系？

科任老师应如何配合班主任？

陈老师的班会上发生了一场评选班歌的小风波。事情是这样的，陈老师与五年级学生一起组织了"班歌评选会"，要求根据不怕困难、勇攀高峰的班级精神，结合"逐梦班"的班名，创作易于传唱的班歌，然后在评选会上竞争。同学们很积极，以小队为单位准备了六首候选班歌。为了体现专业性，班会还专门邀请了音乐老师参与。

第一小组的曲目是《左手右手》，由女生合唱，声音甜美，效果很好，博得了热烈掌声。第二小组演唱《隐形的翅膀》，因为熟悉旋律，大家都跟着唱了起来。第三小组演唱《我们都是追梦人》，契合国庆大背景，大家都产生了共鸣。第四小组演唱《夜空中最亮的星》，队员们还配合了动作，动感十足。第五小组演唱《大梦想家》，这首歌是青春偶像的成名曲，小学生们非常喜欢。第六小组是清一色的男生，他们演唱的歌名叫《追梦》，他们的声音刚劲有力，再加上一个队员现场用吉他伴奏，极富煽动性，让观众情绪达到了高潮，就连一同观看的正副校长都忍不住为他们点赞。投票环节，每组被分配两票，可以投给自己一票，结果第一小组、第六小组均以三票领先，大家都以为会在这两个中选出一个。

这时候陈老师主动替代了学生主持，开始了最重要的投票理由阐述，因为她跟音乐老师都有关键的一票。陈老师肯定了一、六小组，然后话锋一转，问了一个问题："今年国庆阅兵中最热的歌是什么？"同学们议论纷纷，陈老师非常严肃地说："《我们都是追梦人》这首歌是中国梦的重要诠释，作为中国少年儿童应该人人会唱。"她还不忘喊话自己的同事——音乐老师："我不能替她做主，但我希望她能听懂我的意思。"说完就将自己的一票投给了第三组，导致一、三、六组同时获得三票。最后出场的音乐老师很年轻、很乖，她认真地听了班主任的发言，想了一会儿，配合性地说了几句不咸不淡的话，然后也投票给了第三小组。全场沸腾了，孩子们有些傻掉了，完全出乎意料。第六小组的男主唱，本来志得意满，这时不禁低下头哭了起来，听课老师也傻了，陈老师只好悻悻地宣布班会结束。

我无意评论哪首歌更合适作为班歌，我感兴趣的是音乐老师与班主任之间的互动。应该说音乐老师能参加班级的班歌选拔活动，这本身是很大的进步，毕竟学科教师走进班级建设现场的，目前还不太多。但是班主任对音乐老师的引导，以及音乐老师的无奈回应，我觉得是有些问题的。可以看到，目前学科教学与班级建设的关系并未理顺，还存在不同类型的问题。

一是割裂式，即各自为政，缺乏交流。我们在日常工作中经常会发现这种现象，以至于许多科任老师会经常说"这个班是某某老师的，有什么事你们去找班主任"，对班级的问题不闻不问，一出现问题，就向班主任告状抱怨，然后甩锅让班主任处理。其背后逻辑就是班主任拿着岗位津贴，理应对班级全部事务负责，其结果往往也会出现互相损害的现象，班主任管理班级的难度加大，而科任老师在班级中也缺乏威信，教学问题层出不穷，教学成绩无法达到理想状态。

二是冲突式，即步调不一，无所适从。有时候班主任与科任老师可能会站在不同的立场，对待同一问题持有不同的态度，甚至会有意无意地相互拆台，让班级学生无所适从。我们常见在期末考试前，科任老师与班主任往往为了抢课而发生矛盾。另外一些科任老师，包括班主任自身任教的学科，布置的作业比较多，影响了学生们的整体学习成绩，往往也是矛盾冲突的重要表现。

　　三是附属式，即地位不等，丧失独立。这往往体现为班主任与学科老师的相互关系不平等。相对弱势的一方往往会不自觉地依从相对强势的一方，导致原本正确必要的教育得不到坚守。正如案例中的音乐老师一样，可能过于迁就班主任，服从所谓的政治大局，结果连音乐课程的品质都不能很好地坚守，甚至会起到误导作用，这对培养学生的学科素养也是不利的。

　　这三种相互关系其实都是有问题的，不利于学生素养的整体提升和均衡发展，有可能出现学科与德育不匹配，也有可能出现学科瘸腿等现象，实质上妨碍了个人的全面健康发展。在五育并举、五育融合的大背景下，这些现象应该得到遏制。应立足于学科教学与班级教育的整合与融通，班主任与科任老师既保留各自的相对独立性，同时在整体育人的大背景下发挥各自的优势，培养学生的多元素养，实现全面发展。

二、要凸显学会学习

　　我们曾经有一个观念误区，认为班主任只管班级建设与管理，不管班级学科学习，因为那是科任老师的事情。但是在普遍重视学科学习的背景下，我们真实感受到学科学习本身就是班级建设的焦点。这个问题处理不好，将会影响班级建设，相应地如果学习问题解决了，班级管理也就相对顺畅了。

案　例	网课学习我能行

　　光明区玉律小学的常云会老师带三年级，在 2020 年春节突发疫情的背景下，她与三（5）班同学面临一项紧迫而全新的任务，在全校先行开展直播教学和网课学习，积累经验供其他师生参考。网课是个新生事物，优缺点都很明显，如何让师生尽快熟悉并提高效率，是一个现实问题。在认真思考之后，常老师认为网课的本质还是学习，主体是学生，因此应鼓励学生在实践中学会这种特殊的学习方式。她与同学们一起策划了"网课学习我能

行"的主题活动。全班同学分成四个小组，分别探索相关的网课主题，然后大家集中在云端，通过腾讯课堂开展了第一次网络班会，相互交流主题探索成果。

第一组是知学组，主要了解网课学习的技术要求、学习特点、任务通道，并针对常见问题，提出可能解决的办法。他们分享了空中课堂的操作方式，同时根据网课学习的特点，介绍了网课点名、签到、连麦、上交作业等常见工具，让同学们耳目一新。

第二组是勤学组，主要针对学校发布的课程表，制定居家学习契约书，明确起床、早餐、上课、下课、午休、作业等方面的要求。他们还对手机的使用作了一些约定，让很多父母放心不少。

第三组是慧学组，主要是聚焦学习方法。他们分别请教了科任老师，还在网络上搜索了相关学习技巧，制定了各科学习策略的思维导图，还汇总形成了《学习小妙招》顺口溜。

第四组是乐学组，主要是分析网络课堂与传统课堂的异同，然后根据网课的特点，制定了小组评价竞赛方案，有小组内个人的学习评价，也有小组间评比竞赛，还设置了小奖品，让同学们摩拳擦掌、跃跃欲试。

最后在老师的引导下，四个小组将成果进行了补充完善，汇总成了本班的网课学习方案，操作性较强，受到了同学及家长的欢迎，还被全校师生广泛共享。

我旁听了本节网络班会，尽管过程很曲折，常老师先后两次发起班会才成功，同学们也是问题百出，但恰恰是这样，我们才更真实地感受到网课的优势和弊端，体会到了研究网课学习主题的必要性。

这次活动给我一个很大的启发，就是要大力倡导学会学习。学科教学必然是班级生活中最重要的内容之一，因此班主任既要与科任老师一起抓好课堂教学，还要转变观念，让学生学会学习。班主任对学生学习的指导，应该不同于学科老师的指导，前者应是普遍性的学习指导，后者才是具体性的学习策略，班主任不能跨过边界对其他学科进行具体干预。根据《中国学生发展核心素养》的要求，我们认为班主任把握学会学习，主要是要学生乐学善学，具体应做到以下三点。

一是培养学习习惯。在小学教育阶段，孩子们的阅读、书写、表达的习惯极为重要。前两个习惯比较容易理解，关系到具体学业成绩。我想强调的是表达习惯，尤其是在课堂上的表达习惯，积极、主动、清晰地回答老师的提问，表达自己的观点，不仅关系到孩子们的学习效率，而且对于学习信心的培养、综合素养的提升极有益处。

二是掌握学习方法。除了各学科具体的学习方法，训练孩子们掌握科学的注意、观察、想象、思维、记忆等方法，提升注意力、观察力、想象力、思维力、记忆力等品质也是十分重要的。班主任可以与心理老师联合，在班级开设一些专题课程，具体可以借鉴心理学的研究成果。如知名心理特级教师钟志农组织开发了小学阶段心育活动课程，其中包括全神贯注、火眼金睛、放飞想象、激活思维、博闻强记等模块[1]，相应的内容，建议大家学习。

三是激发学习动力。中国有许多班主任是教学与管理双肩挑的好手，但其中让我印象深刻的是北京第二十二中学的已故教师孙维刚，在这所普通中学里，他以班主任兼数学老师的身份创造出神话般的成绩。其中一个班 40人，38人过重点线，22人考入清华、北大。奥秘在哪里呢？除了善于数学教学之外，他认为比学习更重要的是品德培养，并善于在班主任岗位上鼓励学生追求卓越、永争第一，从而激发了同学们强大的学习动力，最大限度地激发学生自主学习，从而创造了中国教学的奇迹。[2]

另外，班主任自身也要加强学习，要成为终身学习的楷模。具体到学习指导，班主任应该加强理论学习，如阅读《学习论》《学与教的心理学》等；还要学习评价测量技术，应掌握 Excel、SPSS 等常见的统计软件，善于运用软件分析试卷质量和学生特点，并提出针对性的建议。

---

① 钟志农：《探寻学生心灵成长的"路线图"》，教育科学出版社 2015 年版，第 40–46 页。
② 赵国忠：《中国教学的奇迹》，南京大学出版社 2013 年版，第 40 页。

三、要培养学科兴趣

让学生学会学习，必然离不开学习兴趣。没有兴趣，无论如何是无法令孩子们主动学习，也无法学会学习的。但现实中由于各种原因，孩子们对学科的兴趣是不均衡的，因此，班主任要想方设法调动孩子们对各门学科的学习兴趣，才能真正促成孩子们的均衡发展。

1. 利用校园节会，挖掘各学科的独特魅力

学校经常举办各种校园节会，例如举行运动会、读书节、科技节、艺术节，一般班主任会觉得活动太多，参与不太积极。换个角度看，其实这些节会是加强语文、科学等学科教学的契机。我们要善于把这些大活动转化为班级学科学习的资源，以此培养学生的学科兴趣。光明区实验学校的黄柳娟老师曾经在科技节前，针对部分同学参与不积极的现象，与五年级的同学们开过一次"寻找科技之乐"的主题班会。

案 例　　　　　　　　　　　**寻找科技之乐**

首先是乐展示。六个项目（发明、七巧板、四驱车、水火箭、纸桥承重和鸡蛋碰地球）的选手代表分别上台展示自己的作品。孩子们前期也作了充分的准备，台上的同学表现得信心十足，台下的同学看得津津有味，特别让观众感兴趣的是纸桥承重与鸡蛋碰地球项目。纸桥承重要求 10 张 A4 纸，用透明胶或双面胶带辅助制作一个纸桥，在摆放稳定的前提下，承受尽可能多的重量；而鸡蛋碰地球要求生鸡蛋从四楼坠落到一楼水泥地面上，以生鸡蛋不破损为目标，可以使用各种保护手段。为了增强交互性，选手们还请观众上台体验纸桥承重，看着一本本书不断叠加上去，同学们不由得为薄薄的纸桥鼓起掌来。鸡蛋碰地球更神奇了，在一个简易垃圾袋做降落伞的保护下，一个生鸡蛋从高处落下，竟然完好无损，让同学们惊呼起来。

其次是乐探秘。针对展示的项目，黄老师鼓励孩子们提出自己的疑问。

有人问纸桥为什么需要 10 张纸，有人问降落伞的原理是什么，还有人问用熟鸡蛋行不行……黄老师请来了一位神秘嘉宾——科学老师何老师，何老师肯定了大家的创造能力和创新精神，回答了同学们的疑问，同时有针对性地指出了作品的改进方向，如鸡蛋碰地球的垃圾袋可以换成彩色薄膜纸，以增强美观性，也可以减少支撑性的钢丝，以降低重量；而纸桥承重还可以增大间距，以增加承载能力。

最后是乐参与。同学们非常服气，黄老师趁机引导大家报名参与六个项目组，与原有的团队一起进一步改进作品，引起了许多同学现场报名，班级科技氛围更加浓厚了。

这节课已经过去六年了，我现在依然记得，可见印象深刻。其成功之处，可能就在于黄老师以比赛前的推进性班会为契机，通过鸡蛋碰地球等游戏，直观展现了科学的神奇、科技的魅力，激发了大家对科学的兴趣，而这恰恰是学校开展各类校园节会的初心所在。

2. 融通班级实践，提升本学科的育人价值

班主任本身也是某一学科的课程老师，许多老师反映这种双肩挑的工作很"撕裂"，加大了班主任工作的难度。其实只要我们有心，完全可以将二者结合起来，如班主任可以利用班级建设的便利，开展本学科的实践活动，以此丰富班级生活，打造有自己学科特色的班级建设品牌。这样既可以促进班级建设，又可以发展学生兴趣，提升学生的学科素养，何乐而不为呢？

案 例　　　　　　　用童谣滋养班级

光明区玉律小学的陈菲凤老师是低年段语文老师兼班主任，所带学生普遍反映作业负担轻、学习效果好。她有一个重要经验，就是根据低年段儿童特点，把语文学科中的童谣与班级建设相结合，利用朗朗上口的童谣，帮助学生轻松愉快地形成行为规范。例如在教戴红领巾时，她会用童谣《红领

巾》辅助；在卫生岗位实践中，她会用童谣《做卫生》提出要求；夏天来临时，有些同学早餐吃得不合理，常常出现肠胃不适，她就编童谣《吃早餐》教给学生们，效果也不错。

红领巾

一二三，先披肩；

四五六，左压右；

七八九，右绕圈；

十个手指头，一起拉出尖。

做卫生

仔细扫扫，垃圾不见；

合作摆摆，桌椅整齐；

用力拖拖，地板闪亮！

吃早餐

牛奶鸡蛋配面包，

豆浆米粥配青菜，

蒸饺紫薯配果汁。

冷菜冷饮要少吃，

多喝热水身体棒！

常年积累下来，孩子们不但养成了良好的习惯，而且还对诗歌产生了浓厚的兴趣。课间经常会发现孩子们三五成群，在角落里齐声诵读童谣，还有不少孩子开始自发创作，一个诗意班级品牌就这样慢慢形成了。

四、要实现多学科综合融通

除了班级文化建设，光明区光明小学的曾旭红老师在学科学习促进上也很有经验。在学校大力推进学科实践活动的背景下，她在班级轰轰烈烈地做了一次"跟着西游去旅行"的学科展评活动，不但实现了语文学科与班级活动的整合，而且实现了音乐、美术、科学、道德与法治、舞蹈等学科的融通。她是怎么做的呢?

案 例　　　　　　　　　　**跟着西游去旅行**

首先是筹备阶段。确定了"跟着西游去旅行"展演活动主题后，每位同学借阅一本《西游记》，在班主任引导下，从多学科入手，对《西游记》进行阅读赏析。语文学科开展了"亲子陪伴读西游"，开设了《西游记》的阅读指导课，还在课后组织阅读打卡，交流心得体会;美术学科开展了"创意手工做西游"，手工制作创意小作品;音乐学科开展了"优美歌声唱西游"，引导学生们学唱《西游记》电视剧的经典曲目……

然后是展演阶段。经过长达一个多月的筹备、赏析和排练，终于迎来了面向全校师生的展演活动。这场演出共分四幕，分别展现了《西游记》的四个典型场景。在"师徒"四人的带领下，大家一起穿越，首先来到了古长安，孩子们用背景、服饰表现西安地区的风土人情，特别是唐诗吟诵的场景，让大家好像梦回大唐。接着来到了通天河，同学们结合电视画面，重现了师徒四人取经归来，在通天河被老龟掀翻落水的场景。他们介绍通天河就是今天的三江源自然保护区，优美的自然景观让台下的同学们产生了向往。第三个场景是火焰山，同学们拿着自制的道具"芭蕉扇"，把观众引到了一个虚拟的"火焰山博物馆"，他们分析了火焰山名字的由来，原来它主要是由赤红色砂、砾岩和泥岩组成的，看起来是一片红色，让观众们恍然大悟。最后，在优美的印度歌曲伴奏下，同学们跳起了富有特色的印度舞蹈，引领观众们来到了神秘而美丽的"天竺"，他们绘声绘色地介绍了印度的历史、佛教的知识，获得了一阵又一阵的掌声。

我一直在关注这个活动，特别喜欢和欣赏其中的多学科综合融通。多学科综合融通，有两层含义，一方面指参与主体是多学科，而不是一、二个学科，另一方面指实现效果是融通的，不是对立的，具有审美意义。它改变了老师们的工作状态，解决了各学科长期以来各自为政、互不干涉的局面，不但让学科教师与班主任有了较好的合作，同时也让学科教师之间有了合作；它也改变了学生们的学习效果，在一个项目中，孩子们发现了多学科的价值，体味到每个学科都是现实生活中不可缺少的，有必要掌握多学科知识，综合解决现实问题；它还改变了师生们的思维习惯，我们常见的是二元对立性的思维，非黑即白，非友即敌，多学科融通实现了思维的有机整合，实现了对复杂问题的整体把握，有利于迁移到现实生活中，使学生获得真正的成长。具体来说，实现多学科综合融通有两条重要路径。

一是以活动促融通。活动是学生们喜闻乐见的教育形式，在新课程的背景下，每个学科都有自己的学科实践任务。班主任应有大课程意识，把各学科的学科实践活动进行有机整合，形成多学科共同参与的活动项目。在这方面，一些优质学校有很好的举措。如情境教育创始人李吉林老师，曾在江苏南通师范学校第二附属小学长期开展情境主题性大单元活动，在每个年级都会开展一次类似的综合主题活动，让学生在小学阶段有多次学科融合经历。如"萝卜娃娃一家亲"主题活动，各学科教师围绕"萝卜"这一主题，设计了丰富多彩的与萝卜相关的课程：语文教师设计"萝卜娃娃看到了田野"的观察说话课，美术教师设置"萝卜狂欢节"设计应用课，音乐教师带领学生学唱《拔萝卜》歌曲，体育教师创设萝卜国王，带领学生上了一堂"直腿翻滚"的技巧课，班主任准备了"萝卜妙用多"的科学常识课。[①]

二是以管理促融通。相对于活动，这是更具根本意义的变革，实质上是真正确立班主任在班级中的主任角色，领导和团结全体科任老师一起参与班级管理和教育。它涉及制度的变化，难度较大，但依然有经验可循。如南京师范大学附属仙林分校早在 2006 年试行班级教育小组集体负责制，即由班主任、科任老师、家长和学生代表共同组成班级教育小组。班主任和另外两位"核心成员"（即另外两位科任老师）分工负责班级的常规、学习和活动工作，另外，对班级班会、重大活动、值日班主任也都有明确的分工。三位

---

① 王玉娟：《情境教学下的"整"字诀》，《中国教师报》2016 年 4 月 27 日第 12 版。

教师分别"牵手"班上的 16 位学生，对学生的学习、纪律、卫生等情况进行管理，当发现学生有问题时，及时找学生进行面对面沟通，帮助学生解决问题。[①] 如果学校变革没有办法实现，班主任也可以借鉴这种思想，定期召开科任老师碰头会、沙龙，开展教研活动，共同商量班级教学中的问题，齐抓共管，相信会在更高的层面提升班级学科融通，实现整体育人。

---

① 邵东红：《班级教育小组下实行全员育人的探究》，《江苏教育》2016 年第 10 期，第 62 页。

第四节　让家校社协同增强发展动能

一、今天家校社真正合作了吗？

| 案　例 | 一次难忘的校访经历 |

一个亲戚的孩子，在深圳一所知名的民办学校读小学三年级。这是一所从小学一年级一直到高中三年级的全寄宿学校，收费很高，曾以出过几个高考状元而在深圳颇有名气。许多忙于工作、无暇管教孩子的家长对其趋之若鹜，亲戚也是这种情况，从小学一年级就把孩子送进这所学校寄宿学习。亲戚家是个男孩子，活泼好动，但不怎么爱看书，成绩不怎么样，所以经常被老师批评，还不时被老师叫家长到学校，要求共同教育。一天，我恰好也在亲戚家，亲戚又接到老师的电话要求到校，他很为难，我就主动陪他一起去。到了学校才发现，该校果然名不虚传，在一个相对封闭的山谷中，占地面积很大，环境优美，的确是个办学的好地方，好像世外桃源。

但一见到班主任，我就感觉气氛不对，班主任一脸严肃地坐在办公台后，看到我们来了，向我们点了个头，说了一声"先等一下"，然后又埋下头忙手头的事情。我们俩就站在她旁边，你看看我，我看看你，十分尴尬，想坐下来又不好意思，只好老老实实地站着，有点像罚站的感觉。好不容易等老师忙完，我们才被引到隔壁一个小房间坐下。老师开门见山地数落起孩子，主要是写字慢，做作业慢，常常拖欠作业，成绩不理想，并列举了好几个事例来说明，我们只好唯唯诺诺地听着，并不时回应着老师的埋怨，与老师一起数落孩子，尽管孩子不在场。数落完孩子，老师又开始数落家长，抱怨家长教导不力，周末放任孩子，要家长严格要求自己，同时在周末对孩子严加管教，做到"三不"：不玩游戏，不看电视，不拖欠作业。整个过程完全是老师在主导，我试图插上两句话作些解释，也很快被驳了回来。待老师讲完，她便开始下逐客令，然后还不忘叮嘱我们待会儿把孩子接回家后，一定要好好管教，不能乱来，最好假期再去上个补习班……

　　这是我第一次以家长的身份体会被老师叫去校访的经历，对我这个专业教育者来讲，很特别。按理说班主任老师做的也不过分，但我总感觉在这个过程中，我们做家长的状态非常消极，非常被动，有点被叫去上课、无条件要求配合的感觉。我开始理解家长为什么不愿意去的心情，再联系到日常学校办公室中诸多班主任叫家长的场面，我似乎对家校社合作有了更多的认识。我感觉到目前家校社之间存在假合作的倾向，在形式、内容和效果上还有许多需要加强的地方。

　　一是合作关系等级化。主要是指家校社合作中的各个主体之间关系不对等。以家校合作为例，主要体现为以学校和教师为中心，家长配合学校完成相关任务，教师似乎高高在上，而家长总处在弱势地位，尤其是当孩子犯了错误之后，家长地位更是直线下降，我这次校访就有切身的感受。值得指出的是，学生在这个合作中几乎是没有地位的。按理说，家校社合作的前提是孩子的成长，这种合作势必隐含了另一个主体——孩子，但是我们在许多家校社合作中，抛开了孩子单独进行，成人们的决定似乎天然对孩子是有利的，不需要孩子参与讨论，他们只需要接受执行即可。我们认为这是不可取的。说到底，家校社合作共育的基本理念是与孩子一起成长，孩子是理所当然的主体，绝不能忽略。

　　二是合作任务管控化。今天的家校社合作有一个直接的起源，那就是学生的问题指向，是因为学生在学校出现了问题，才有家校社合作，所以许多家校之间、校社之间主要讨论的是孩子的一些问题行为如何解决。在性质上也许是必要的，但如果所有合作都以负面性的问题为起点，这对于孩子的生活而言肯定是不愉快的。也许老师的出发点都是好的，是为了孩子的健康成长，但在实际工作中这种不健康的合作关系，导致家庭和社会成为学校的延伸，成为第二个学校、第三个学校。什么意思呢？正如前述案例中老师提到的"不玩游戏，不看电视，不拖欠作业……假期再去上个补习班"，这不就是学校生活的延伸吗？大家想一下，在这样的环境下，孩子们能有多大的自由成长空间？

因此，今天的家校社合作看似很热闹，有可能只是表面现象，是教师中心、学校中心的一种表现，更多体现出对家长的傲慢，对社会的傲慢，更包括对学生的傲慢，最多是对学生的发展多加了几道紧箍咒。我们认为应转换视角与立场，更多地站在学生的角度，审视家校合作的必要性和可行性。要跳出以事论事的思路，从学生成长生活的环境全面优化的角度，重新架构家校社合作，打造一个孩子喜欢、充满成长气息的实践共同体，形成一个有生命力的学习场域，提升学生的学习生活质量。

二、要争取家庭支持

家校合作类的主题班会，绝大多数是关于亲子关系的。光明区实验学校的卓苑芳老师与众不同，以重阳节为契机，开展了一次"九九时光机"主题活动，聚焦家庭中的特殊人群——爷爷奶奶，把孩子的爷爷奶奶纳入班级建设的视野，使之成为班级建设的资源，挺特别的。

案 例	九九时光机

重阳节是九月初九。恰好三年级孩子 9 岁，所以卓老师引导孩子们跨越时空去了解、体会祖辈 9 岁时的生活，希望孩子们在追忆时光中，陪爷爷奶奶度过一个难忘的重阳节，并打开孩子们的视野，培养孩子们努力进取的生活品质。

在班会前，卓老师把班级学生分成了四组，分别去了解祖辈 9 岁时的吃喝、玩乐、学习和劳动状况。除了个别访谈之外，还要利用周末时间组织一次小队活动，邀请一到两位爷爷奶奶参与，回忆过往童年，介绍老旧物件，并教授相关知识。

在班级分享会上，同学们表现得急不可耐。吃喝组的同学首先讲述了祖辈简单贫穷的儿童生活，描述了吃不饱、穿不暖的情形，还有些同学带来一些老相片，那相片上面黄肌瘦、衣衫破烂的孩子勾起了同学们的同情。劳动组的同学讲述了祖辈童年时自食其力的情况，早晨起来自己动手做早餐，走路去上学，在学校参加劳动，放学后也要帮助家里割猪草、喂鸡喂鸭，十分辛苦，但也特别充实。学习组的同学描述了祖辈上学时学校的情况，简陋的教室、残缺的黑板、高低不平的桌椅十分普遍。爷爷奶奶们往往是两个或三个人坐同一条板凳，甚至还有自己带板凳上学的情况，让同学们莞尔一笑；没有风扇，没有空调，没有电脑，没有课本，甚至没有粉笔，但爷爷奶奶们学习都很认真，有的现在还能背诵以前学过的课文，吟唱以前学过的歌曲，让同学们不由得心生敬意。玩乐组的同学带来了一些老物件，那是爷爷奶奶儿时的玩具：小弹弓、小铁圈、小纸片，还有最普通最经济的游戏——抓石子，孩子们体验着这些游戏，似乎也在体验着爷爷奶奶儿时的生活，一个个兴趣盎然。

整个分享会有故事，有图片，还有现场体验活动，充满了浓浓的历史感。所有师生都颇受触动："原来祖辈有这么多故事，我们以前怎么就没有关注呢？"

家庭是孩子的第一所学校，家庭在孩子成长中的价值毋庸置疑，是全方位的。但如何真正发挥家庭在孩子成长中的协同作用呢？"九九时光机"给了我们一定的启发。

一是要发挥家长的作用。父母是孩子的第一任老师，家长是班主任的天然同盟军。尽管今天的家长从整体上来看，还不能满足现代教育的需要，但班主任依然不应有过多的指点与抱怨，而是要尊重家长，认识和发挥家长在孩子教育方面的优势。从资源的角度来看，家长对孩子具有物质保障和精神支持两方面的意义，尤其在精神支持上，家长可以发挥的空间还很大，包括职业体验、社会理解、成长经历、人生感悟等，都是孩子很重要的参照。从资源挖掘的角度看，可以组织家长课堂、父母职业体验等活动，实现孩子与父母的深度互动。

二是要发挥家人的作用。我们通常说家校合作，主要是指孩子的父母与班主任老师之间的配合，这是必要的，但是家庭是个相对完整的概念，除了父母，孩子的兄弟姐妹、爷爷奶奶及其他亲人，都是孩子成长中的重要他人，也可以是家校合作的重要对象。要鼓励孩子们加强沟通，发现每个家庭成员的独特故事，这无论对家庭建设还是对孩子个体成长而言，都是有意义的。还要鼓励开展共同性的家庭活动，活动本身及其拓展的相互关系，能促进孩子的积极体验。

三是要发挥家庭团队的作用。今天，除了要让孩子们在家与家庭成员交往中受益，也需要孩子们发展与班级中其他家庭的正当交往，共享发展资源。这对于目前独生子女家庭而言，其意义是不言而喻的。目前一些优秀的班主任在尝试推进建设家庭教育小社团、小社群、小联盟，其实就是一种"拼养"的概念，放大多个家庭教育的优势资源，弥补单个家庭教育的短板，形成家庭教育共同体。特别值得提出的是，这对于家长自身的成长而言，也是极有意义的。

需要指出的是，争取家庭支持也要有"度"，不能无底线地要求家长配合。近期媒体特别报道某家长退出班级群等新闻引起了热议，而教育部正式表态，明确提出杜绝将学生的作业变为家长的作业的行为，如此等等，都在提醒我们老师、家长、学生在教育方面应各司其职，保持界限，形成合力。

三、要挖掘学校资源

相对于班级，学校的资源更加丰富，相对于真实的外界社会，学校的资源利用更加便利。因此，从学生发展的角度看，学校的育人资源非常值得重视，有待进一步开发。我们首先来看一个案例。

　　光明区玉律小学四（1）班的学生乖巧懂事，非常听话，但也有一个缺点，就是普遍比较内向，在课堂上羞于表达，上课举手发言不积极。班主任黄凝老师特别希望做一些活动，让同学们更阳光、更乐观、更自信。恰逢学校校园改造，原来破旧的村小，在政府投入巨资后焕然一新，校园环境发生了翻天覆地的变化。学校借改造完成的契机，向全校师生征集楼宇和建筑的命名。黄老师觉得这对班级来说是个好机会，她鼓励孩子们聚焦学校中心花园，这是新校园中最漂亮的一个景点，也是孩子们最喜欢去的地方。她请同学们围绕其中的瀑布、亭台、水池、长廊，认真观察景物特征，以小组为单位进行共同讨论，集体酝酿。孩子们很积极，班级展示会上出现了许多有创意的点子。

　　生：我是希望小队的汇报员，我们给凉亭取了个名字，叫月牙亭，因为这个亭子是新建的，就像新月一样，所以我们叫它月牙亭……

　　生：我是阳光小队的汇报员，我们给凉亭取了个名字，叫静思亭，因为我们在这里可以静静地思考。我们还给瀑布取了个名字，叫光阴瀑布，因为"一寸光阴一寸金，寸金难买寸光阴"，提醒我们要珍惜时间……

　　生：我是超能小队的汇报员，我们给凉亭取了个名字，叫向上亭，因为我们要好好学习天天向上。我们也给瀑布取了个名字，叫顶峰瀑布，我们希望能努力学习，勇攀高峰……

　　生：我是七彩小队的汇报员，通过我们的观察，发现那个长廊弯弯曲曲，就像一条长龙，我们给长廊取了个名字，叫龙湾长廊……

　　生：我是智慧小队的汇报员，我们小队给凉亭取了个名字，叫静心亭，因为坐在这里，可以使我们的心情慢慢地平静下来，好好思考我们的未来。由于长廊像一条长龙，我们想叫它"龙梯"……

　　生：我是信心小队的汇报员，我们小队给水池取了个名字，叫花生池，因为我们通过观察，发现那个池塘的形状像一粒花生。我们还给凉亭取了个名字，叫观鱼亭，因为我们坐在这里可以细致地观察小鱼儿……

最后班级通过筛选，并参照一些著名景点的名称进行优化，命名工作取得了圆满成功，学校接纳了同学们的意见，更重要的是，同学们在这个过程中感受到自豪。其中，我们看得到黄老师有很好的资源意识，老师的用意很清晰，过程也很细致，所以孩子们很投入地参与其中，并得到了锻炼和发展。因此我们要转化我们的教育眼光，从另一个角度切入，在校园中找到班级发展的资源。具体来说，挖掘学校资源有三个维度。

第一，重新发现校园的物。随着校园建设投入的加大，校园中有许多景物在不断变多、变新、变美，这些都可以成为班级建设的资源。除了为设施命名，还可以为校园植物挂名牌，介绍植物种类习性；也可以组织学生拍摄校园风景；有条件的学校还可以让班级承包某一块菜地，让学生参与劳动锻炼。

第二，重新发现校园的事。校园里常年有大量的活动，层次方面包括年级活动、校级活动、校际之间的活动，内容方面包括运动会、科技节、艺术节，可以鼓励学生主动承担一部分或全部任务，如运动会上的义工队、记录员、播报员、摄影员，甚至策划员等，可以锻炼孩子们的动口、动手、动脑等综合实践能力。

第三，重新发现校园的人。学校是人群高度密集的地方，除了师生之外，还有保洁员、保安员、厨房人员、物业人员等，这些常年为教育教学服务的人员，虽然时刻在同学们身边，但彼此很少有交往，在冬至等特殊时刻，组织送温暖活动是个可行的方法。另外，开展高年级与低年级之间的手拉手活动，不但有利于低年级学弟学妹熟悉校园生活，也有助于高年级学生培养奉献意识，提升综合能力。还可以组织跨校交往，其他校园里的师生也可以成为我们的发展资源。这些都需要我们从不同的思维方式进行切换。

当然，除了有双会发现的"眼睛"，我认为还必须有颗热情的"心灵"，也就是说，班主任自身要起到示范作用，并以此鼓励学生对校园的人和事有热情、有兴趣，能够时常关心校园的变化，并对变化有相当快速的反应与行动，相信这对学生主人翁意识的培养，是很有价值的。

四、要开发多层面的社会力量

光明区虽然地处深圳，但由于长期的体制束缚，经济社会发展相比其他区域而言有些落后，特别是在一些偏远区域，社会的成熟度更低，没有像样的饭店、公园、商场、电影院，学校也许是最漂亮的地方。孩子们一回到家就没有适合休闲的项目和去处，只好待在家里看电视、打游戏。近年来，在政府的大力扶持下，社区服务中心的建设力度加大，建立了楼宇堂馆，完善了基本设施，还配备了相关专业人员开展专项服务，对辖区青少年有较大帮助。但由于宣传不到位等各种原因，孩子们对社区的认识还比较缓慢，利用还不充分。因此，爱华小学的田文秀老师决定开展一次"社区，我来了"的班级活动。

案 例　　　　　　　　　　**社区，我来了**

首先是走进社区。田老师布置了一项作业，要求同学们利用周末，实地探访社区，向相关专业人士请教，了解社区的设施、功能区域及相关服务活动，有条件的可以参加社区组织的实践活动。在此基础上，田老师组织了主题分享会，四个小队分别作了成果汇报。

其次是认识社区。第一小队汇报社区的硬件条件，用图文介绍社区图书馆、文体室，漂亮、齐全、大气的设施丝毫不逊色于任何地方，孩子们倡议大家在空闲时与父母一起去阅读、运动。第二小队介绍了与孩子们密切相关的课程服务，有常见的四点半课堂，可以在下午放学后提供托管服务，并进行学业辅导；也有个性化的假期课程，如周末及寒暑假的兴趣班。第三小队参与了义工项目"社区文明劝导岗"，他们跟随叔叔阿姨们一起出入社区，对不文明的行为进行劝阻，在过程中体悟到义工的光荣，他们鼓励同学们"有困难找义工，有时间做义工"。第四小队专门邀请了专职社工姐姐到现场，社工姐姐介绍社工的工作性质和特点，还现场与同学们开展了互动游戏，让大家知道了社区服务中心是以"为人民服务"为宗旨的专门机构，而且需要很强的专业技能。

最后是服务社区。田老师深情发出号召，希望同学们走出家门，走进社区，走进社会，献出爱心，为他人服务，在服务他人中提升自我素养。

相对于家庭、学校，社会包括社区在内，拥有更广阔的教育资源，而且这些资源与学校的文化课学习不同，形式多样，类型广泛，生活气息浓厚，注重素质拓展，正好与学校教育形成互补，有利于学生的全面发展。社会教育是教育的重要领域，也是一门学科，因此要加强对社会教育类型的研究，大致可以从三个方面来促进学生的主动成长。

一是场馆学习。目前随着城市化进程的加快，美术馆、博物馆、科技馆、公园、动物园、社区活动中心、图书馆等公益场馆越来越多，引导学生参与其中，成为这些公益场馆的常客，有利于充分利用公益资源，更有利于学习方式的转型。教师要转变观念，不能只抱着学校"一家独大"的传统观念，轻视其他教育形式。其实社会发展非常迅速，即使是在学科教学领域，一些社会机构的课外辅导方式与理念，也已经今非昔比，甚至在某些方面超越了传统学校教育，这完全值得学校去借鉴。

二是社区服务。可以通过家委会的力量，与社区相关机构、企事业单位建立联系，建立社区实践岗位，如爱心服务岗，可以在干休所、敬老院等福利机构开展卫生打扫、阅读、分享陪伴、陪聊读报等活动；再如职业服务岗，可以在周边医院、银行、超市开展职业尝试、角色服务等实践活动；又如文化服务岗，可以在学雷锋日、妇女节等到社区开展宣传介绍、节目表演等活动。老师们要转变态度，不能被动地等待分配，而要主动作为，找到合适渠道，积极对接相应资源。其实社区方面也对服务学校有比较强烈的需要，但苦于没有合适的渠道。

三是社会实践。可以将社区服务与综合实践活动相结合，在专业教师和家长的指导下，关注社区管理的问题，以小组方式开展合作探究。如社区车位不足问题如何解决？高空抛物问题如何解决？垃圾分类问题如何解决？可以引导同学们用自己的所学所研成果，改进社区工作，达到多赢的目的。班主任要鼓励家长转变观念，特别是要改变对安全问题的过度担心，要引导孩子们在做好基本安全防护的基础上，选择合适的方式开展社会实践。

开发社会力量，引导学生参与，其重点是什么呢？2019年暑假，带领学生骑行1800公里的兰会云老师说得好："作为一名班主任，我一直信奉学生的创新精神和实践能力远比分数重要，学生对生活饱含期许和热情远比试卷上的对钩亮眼，学生对他人给予最大的信任和善意远比阳光温暖。"是的，相对于知识技能，引导学生亲近社会、热爱社会、善待社会可能更为重要。

第二章

常规学习日生活育人

常规学习日，其实就是孩子们在校学习的普通一日，是最常见的学日。它是孩子们在校日常学习、生活的基本保证，反映了孩子们班级生活的基本质量，关系和影响着孩子们的成长与发展状况。

　　依据学校教育教学实际，我们将常规学习日分为四个基本时段：早间生活、课间时光、午间时段、放学之后，这些很普通也很常见的时段，往往有一些误区和盲区，值得我们开发和重建。

第一节　让早间生活洋溢温暖气息

一、孩子"早上好"了吗？

案　例　　　　　　请给孩子一个明媚的早晨

记得儿子上幼儿园大班时，因为家里动迁，公司和幼儿园一下都离远了，早晨便特别忙乱。赶上儿子淘气不听话，我往往就会不可抑制地发起火来，嘴上不停数落训斥，手上也显得粗暴，推推搡搡地把他送到班里后，火急火燎跑去上班。有天晚上去接儿子，老师委婉地跟我说："以后呢，要让孩子高高兴兴来园，家长要克制自己的情绪，尽量别在早晨批评孩子，不然孩子这一天都会闹情绪，很难管理。"我怔了下，嘴上没说，心里却想：小屁孩儿一个，懂得什么闹情绪，和小朋友玩会儿不就好了？老师似乎看穿我的心思，慢慢地历数起这几天里，儿子哪天与小朋友打架，不好好吃饭，中午不睡觉，哪天很乖巧，聪明又好学，画了幅漂亮的画。

我边听边回忆，果然，那些表现好的日子都是甜蜜蜜说了"再见"我才走的，表现差的日子则是我气呼呼一推，转身就走的。"想不到，小小人儿也会有情绪，还闹大脾气。"我惭愧地说。"是啊，别看孩子小，他们可是最敏锐的超级小雷达，父母每分每秒的情绪变化，都会被他们感应到并做出相同的反应。"老师微笑着说……

老师的话点醒了我，父母是孩子的整个天空，这个天空如果一早就阴云密布、电闪雷鸣，那孩子的心情又怎么会阳光快乐？从那以后，我开始调节、控制自己的情绪，坚决不在早晨与孩子发生冲突，总是保证让他高高兴兴出门。其实，这样做也并不是难事，早晨的时间极短暂，填进了喜悦，阴霾就没地儿落脚了。而孩子的要求又是那么的少，仅仅是一个温暖的拥抱；一个弯弯眼睛翘翘嘴角的微笑；一句温暖的叮嘱：路上小心啊；一个小小的动作：轻轻拍拍他的头或肩；或者是直抒胸臆的祝福：祝你今天开心哦！儿子的脸上立时就会大放光彩，人也如同饮饱水的小苗儿，舒枝展叶青翠欲滴起来。而这样做，慢慢地还会生出另一个好处，就是自己的心情也会随之变好。其实，当孩子一肚子憋屈时，哪个家长会一肚子喜悦？父母与孩子永远是双赢双输的格局。①

　　作为一名家长，我也曾经有过类似经历与感受，然后慢慢地作了一些调整。作为一名教研员，我却发现在学校中也有类似情况，一些老师不顾早间实际，对学生进行责骂、训斥和罚站等行为，而且比较多见。原因无非是不守纪律、不按时早读、不交作业、不穿校服、不戴红领巾等。我甚至还见过有班级罚一列男生在教室外面重新抄作业，甚至还拍照羞辱的情形。如此等等，我把班级早间生活归纳为一个词——紧张化。

　　一是事务紧张。班级中早晨的事务好像特别多，要求特别高。首先是时间要求高，尽管上级三令五申要求学生不能太早到校，但孩子们往往还是被要求在 7:30 之前到班级，许多孩子从家到学校，可能是一路跑着去的。其次是任务要求高，早间的作业上交是减免不了的，还有各种劳动值日任务必须迅速完成。再次是检查要求高，除了常见的着装检查，疫情期间还要求各种体温检测，需要从校门口到班级门口一道道地过关，稍有差错，免不了受些折腾。

　　二是关系紧张。同学们一进入教室，就好像钻进了某一个套子，时刻被监控着，少有同学间的交流，同学之间缺少问候与热情。另外师生之间的矛盾也可能更多一些，因为早晨是各类检查的高峰时段，教师常常为了孩子们

---

① 布希奇：《请给孩子一个明媚的早晨》，《少年儿童研究》2014 年第 2 期，第 11—12 页。

的某些问题行为生气发火。一次迟到、一次未戴红领巾，都有可能导致师生矛盾，甚至还会惊动家长，师生之间的关系低点也往往出现在早间。

我们常说一日之计在于晨，学生的生活质量，往往在早间就可以看出高低来。有经验的老师或家长都会注意到，凡是早间孩子被过分批评了，这个孩子一天的情绪往往会比较低落，大概率会出现违纪行为，形成一个恶性循环。另外，如果老师早晨发脾气，其实对自身的情绪和健康也有影响，两相叠加会给班级生活带来负面影响。

很喜欢听《校园早晨》这首歌："沿着校园熟悉的小路，清晨来到树下读书，初升的太阳照在脸上，也照着身旁这棵小树……和我共享阳光雨露，让我们记住这美好时光，直到长成参天大树。"所以我们希望班级早间生活多一点阳光雨露，少一点阴霾风暴，多一点温暖，少一点训斥，为孩子们的健康成长奠定良好的基调。

二、一次温馨的早间问候

早间问候，古往今来一直被推崇，被视为文明礼仪的重要表现。但随着社会的不断发展，人们越来越发现它不仅仅代表礼貌，更是一种仪式，宣布一天生活或工作的正式开启。当然早间问候的方式也在不断丰富，简单点的，比如相互点头致意，互道一声"早上好""吃了吗"；复杂点的，比如握握手，寒暄一下，说"今天天气真不错"；正式一点的，比如进行集体早会。学校里的早间问候，如何组织呢？我们来看一个案例。

案 例   **早间文明示范岗**

光明区光明小学的徐佳佳老师带的是二年级，徐老师个性活泼开朗，爱说爱笑，也非常喜欢孩子。她看见二年级的小朋友早晨进到教室一个个没有生气的样子，很着急，于是借小队建设的契机，与同学们商量后，决定作些改变与调整。首先在班级建立一个早间文明小队，设立了五个岗位，具体负责班级早间生活的引导与示范。

表 2 早间文明示范小队

小队名称	岗位名称	岗位职责
文明小队	启窗小天使	每天早上进教室提醒大家打开窗户，让空气对流
	文明问好提醒员	每天早上站在教室外的走廊里向老师和同学们问好
	作业收发员	站在教室外收作业，提醒同学们先交作业再进教室
	文明服装监督员	每天检查同学们的衣着和红领巾佩戴情况
	文明读书领读员	每天提醒同学们来校后不要打闹，要认真读书

有意思的是，文明问好提醒员与一般意义上的提醒员不同，主要希望能够用自己的良好言行带动其他同学的热情。徐老师组织召开了专题班会，引导同学们进行模拟演练，并指出文明问好要注意"三化"。一是问好方式的多元化，不但要点头问好，而且要大声称呼，最好有一定的身体接触，如击掌，激发同学与老师们的热情。二是问好对象的广泛化，既要向本班师生问好，也要向路过本班的其他同学和老师问好，形成良好的氛围，树立班级形象。三是问好语言的新颖化，提倡使用双语向师生问好，特别是在周三早间，因为是学校英语日，应使用"Good morning！""How are you？"等简单的英语问好，同时鼓励进行简单的英语对话。

因为有具体岗位保障与落实，徐老师班级的早间活动开展得比较顺利，调动了大家的积极性，早间的气氛活跃了不少，文明问候蔚然成风，得到了全校上下的表扬与称赞。

学校班级中的相互问候，尽管不一定要照搬某些形式，但其意义和价值也是显而易见的，不仅有利于学生养成良好的习惯，也有利于营造良好的班级氛围，具体在展开的过程中要注意以下两点。

一是设立岗位，带头示范。文化是需要引导的，最好的引导者首先是优秀学生，徐老师推动设立的提醒员岗位很有价值。要对这些示范人员进行一定的岗位技能方面的培训，比如打招呼的技能，包括表情、动作、语言的运用等，要让老师与同学们觉得亲切舒适。我特别建议班主任本人要起到示范作用，我自己以前做班主任的时候也喜欢每天到教室迎接学生的到来。后来改做德育主任的时候，我喜欢在校门口与同学们互致问候，看着同学们的笑脸，我自己也觉得充满热情，能量满满。

二是长期坚持，形成文化。这样的问好活动可能要因时制宜、因地制宜。在开学初期应比较容易推广，但一段时间以后，孩子们会形成一种惰性，这就需要适当变化形式，改变同学之间过于正式的问候礼仪，可以以轻松或者幽默的方式进行问好，也可以将班级问好适当拓展至面向全校。我曾经在一些学校见过班级早间文明值周的形式，其实就是一个班集体统一佩戴绶带，在校门口、走廊、楼梯口等常见位置，面向全校师生行礼问好，扩大孩子们的交往面。但不管怎样，切勿"三天打鱼，两天晒网"，最重要的是长期坚持，这样才能真正形成传统，对培养孩子的综合素养，同时形成良好的校园文化氛围起到积极作用。

有一个小提醒，就是要注意问好对象的广泛性，要引导同学们对校内所有人员，特别是对门卫、保洁人员要主动问好。那一张张明媚的笑脸，一声声真诚的问候，相信会强化早间生活的美丽与温馨。

三、一次唯美的早读

早读是班级早间生活的常规活动，是我们从小到大的必修课，也是我们在学校生活的第一课。良好的开声朗读能让我们积累知识，巩固学习成果，而且能唤醒我们的身体，唤醒我们的意识，从而让我们以饱满的精神状态迎接新的一天。但长期以来，孩子们对早读不热情已经成为常态，早读不主动、效果不理想、过程不舒服等现象比比皆是。如何才能改变现状，让早读体现出独特美感呢？我们认为可能要在内容和形式上作一定的变革。

一是精选内容，感受经典美。在内容上要选择适合学生年龄特征的文本。这里既包括现有学科的一些重要文段，也包括学科之外的一些人文经典。无论是古代的还是现代的，那些公认的优秀文本，文字充满美感，能从根本上调动学生学习的积极性。另外在形式上强调以诵读为主，突出读本身的愉悦感和表现力。光明区红花山小学的白雪莹老师在这方面作出了自觉探索，效果不错。

案 例　　　白老师的"诵读三宝"

白雪莹老师长期带低段年级，有丰富的带班经验。她根据一年级孩子的特点，改变早读文本，除了保留必要的语文课本之外，逐渐形成了低段儿童诵读的"三宝"。

一宝是儿歌。她从孩子们最喜欢的儿歌童谣入手，引导学生们读学《拼音儿歌七十七首》《三字童谣》《歇后语儿歌一百首》《俗语儿歌一百首》等。这些文本材料通俗易懂，读起来朗朗上口，很快就受到孩子们的喜欢，还极大地促进了孩子们识字量和语感的提升。

二宝是童诗。除了通俗的儿歌外，她为孩子们引入了儿童诗，如雪野的《有礼貌的百足虫》、金子美铃的《春天的早晨》、柯岩的《我的爷爷》等，既适合个体读，也适合集体读，还适合分组读，分外有趣。

三宝是古文。待到孩子们有一定基础后，白老师引进了陈琴主编的《中华经典素读范本》，引导孩子们诵读古文经典，还特别设置了经典诵读打卡检测机制。既每天鼓励学生与家长诵读打卡，又在期末进行专项诵读检测，给予优秀者相应的奖励。

这一系列举措极大地激发了孩子们的早间诵读兴趣。大家反复反复又反复、诵读诵读又诵读，一个学期下来，孩子们的诵读量不断丰富，识字量也极大增加，大家收获满满。

二是形式创新，体味生活美。这主要是针对当下许多早读不系统、比较随意等现象而言的。一些班级早读没有规划，多是临时组织，仅仅满足于让学生有事可干。这只是初级状态，应该从整体上重新审视和构建。横向上，可将每天的早读与班级建设结合起来，把早读当作班级生活的特有形式，更多关注班级和学生的生命状态。纵向上，可以以一个学期或更长时间为单位，将早读文本系列化，开展相关早读实践、早读考核，从而形成一门课程，其意义就更大化了。在此向各位班主任推荐"新教育"儿童晨诵课程①。

新教育实验开发的晨诵，是一个结合了古典诗词、儿歌与儿童诗、现代诗歌的复合课程。词句优美、便于儿童在吟诵时感受与理解、传递人类美好的愿望与情愫，是新教育晨诵所选内容的三个基本特点。新教育实验认为，晨诵的目的在于丰富儿童当下的生命，在于通过晨诵，既养成一种与黎明共舞的生活方式，又能习诵、领略优美的母语，感受诗歌所传达的感恩、优美及音乐感。

新教育晨诵有以下几种形式：晨间诵诗、日常诵诗、生日诵诗、情境诵诗。

晨诵的一般流程是：每天首先是晨间诵诗开启黎明，接着复习一首旧诗（可能是上一次诵过的，也可能是与新诗相关联的），然后诵读今天准备的新诗，也就是日常诵诗，如果当天有什么特殊的事件或特殊的纪念日，则可以将日常诵诗换成情境诵诗；如果当天有过生日的同学，就可以换成一首生日诵诗或者生日故事。

需要补充的是，班主任和科任老师也应该融入到唯美的早读之中。试想一下，一位老师与一群学生沐浴在阳光下，心无旁骛地投入到经典美文的美妙意境之中，共同享受诵读带来的快乐，不正是理想中的教育画面吗？

四、一项活力十足的早练

早练，在寄宿制学校中比较常见，对孩子们身体素质的增强和学校校风

---

① 晨诵，与黎明共舞——新教育实验儿童课程晨诵项目介绍：http://blog.sina.com.cn/s/blog_9eb1653b0102v66f.html。

的培养均有较大的价值，但在走读学校，尤其是小学比较少见。在推迟上学时间的大背景下，如何看待早练活动的组织呢？

光明区光明小学的曾旭红老师对气候的变化非常重视，在 2019 年秋天即将结束、冬天即将来临的时候，她很敏锐地发现班级学生因病请假的现象多了起来。于是与家长、学生商量，决定在早间开展集体跑步活动。曾老师组织的早间跑步活动，经历了三个阶段。

第一阶段是自发阶段。老师将早读前 15 分钟已经到校的同学组织起来，在操场上开展跑步活动，在 5 分钟之内跑两圈。孩子们刚开始觉得很新奇，但随着时间推移，有些孩子开始抱怨，说跑步会影响早餐的消化，跑久了会肚子疼。

第二阶段是调整阶段。针对孩子们的问题，她先找专业人士咨询，发现肚子疼主要是由于跑步姿势不对，于是她请有经验的同学现身说法，既介绍自己坚持运动带来的好处，又教一些准备动作、跑步姿势和呼吸方法，给同学们提供了科学的示范。后来这几个有经验的同学慢慢成为跑步的教练，班级中肚子疼的现象也越来越少，孩子们的畏难情绪逐渐消退，大部分孩子能够参与到跑步中来。

第三阶段是创新阶段。时间长了，一些同学抱怨跑步形式有点枯燥，根据这一意见，他们模仿《奔跑吧，兄弟》等娱乐节目，改变了原有班集体统一跑步的方式，将班级分为四个跑团，四个跑团之间组织一些简单的竞赛，如直线比赛跑、运球比赛跑、折返接力跑等，特别的方式加上竞赛元素的加入，孩子们的兴趣又被调动起来了，操场上充满了孩子们的欢声笑语。

我曾专门组织团队老师一起研讨曾老师的活动设计。在研讨环节，有老师指出，跑步，能增强学生的体质，能提高学生的意志力；也有老师指出，全班一起跑步有利于提升班级凝聚力，有利于增强班级荣誉感；还有老师指出，班集体长期一起跑步，其实是构建一种新的生活方式，倡导新型的班级文化。总结起来，这种集体早练活动，其中的育人价值已不仅仅是锻炼身体，更是营造了一种共同时空，让全体师生快乐健康地生活，并可能在不断的坚持中获得更大的发展。因此，在普遍强调体育运动、健康生活的今天，班级早练活动是必要的，具有丰富的育人价值，关键是班主任们要坚持。

一是健康为本。早练活动最重要的是身体训练，是为了保持学生良好的身心健康，这应是我们组织早练活动的初心。因此，凡是有益于学生身心健康，又适合在班级组织的简易体育活动，都可以尝试，不一定只是跑步，也可以是跳室内操，还可以跳校园舞。当然，在早练的过程中，要注意运动量的安排，减少过于激烈的运动形式，要保证学生不受运动伤害。还要注意运动时间不宜过久，尽量做到运动和学习相结合。

二是适度拓展。可将早练与班级岗位建设融通，在早练的过程中设置更多的班级岗位，如早练摄影员，及时捕捉同学们运动的美好瞬间；早练小老师，负责教同学们如何运动；如早练小组长，负责某一小组同学的考勤、督促与评价等。可将早练与班级文化建设相结合，如在早练中挥动班旗、齐唱班歌，共同喊班级口号，可以强化班级认同感。可将早练与班级学科学习融通，如在跑步中加入孩子们喜欢的儿歌，实现与音乐、语文等学科的结合。还可将早练与班级交往相融通，鼓励带动其他班级或年级的学生，像《阿甘正传》中的阿甘一样，先是一个人跑着，慢慢地带动更多的师生参与进来，形成一道美丽的校园风景线。

另外，我还特别建议老师们要主动加入到早练队伍中，自觉运动起来。毕竟老师的健康状态，无论对学生、班级，还是对自己、家庭都是十分重要的，一个活力十足的教师形象本身就是一种积极的教育。

第二节　让课间时光充满快乐

一、课间真的要圈养吗？

一年级课间禁止活动引争议

10 点 25 分，正是小学生下课休息时间，上海浦东新区某小学偌大的操场上却没有半个人影，学生只在教室门口玩耍着，而在一年级走廊外面更是安安静静。原来学校有个规定，学生下课后除了上厕所不能出教室，一年级课间不能活动。

记者还走访了上海浦东、杨浦、徐汇等其他几所小学，也都存在这一做法，有的学校干脆把高年级学生安排在底楼，把低年级安排在楼上，间接地阻止学生"跑远"。

记者发现，在走访"圈养"学校当中大部分都对学生"画地为牢"，限制学生课间活动的范围。在 ×× 实验小学内，记者看到，学生的玩耍范围限制在走廊和楼梯间里，下课时操场上空荡荡的没有人。

"只有体育课、早锻炼的时候能上操场，老师说操场离得太远了。走廊地方太小了，想跳绳也不行。"不少学生向记者抱怨说。

对于这种"圈养"行为，家长们纷纷表示反对。"我的孩子这学期就去过一次学校操场草坪，小孩都羡慕我们小时候可以自由自在地玩。"有家长建议，学生课间活动可以由老师带领，玩些有益的游戏，放松一下筋骨，也让孩子心情愉悦。家长普遍担心孩子从早学到晚，总待在室内，活动时间没保证，体质下降，长久会产生心理问题。

记者根据家长提供的线索，采访了沪上近 10 所小学。调查发现，"不圈养"的学校一般由任课老师当课间护导，及时劝阻孩子做一些较危险的动作，或者由老师带着学生做些有趣的游戏，进行"陪玩"。而开展"圈养"行为的学校采取了多种方法：有的是低年级学生课间除了上厕所、喝水不准出教室，有的学校只允许在走廊里玩，不可以去操场。有的学校一周给学生一次固定的"自由"时间，或是以"闭关"作为惩罚措施，而把到户外玩作为奖励措施。

很多学校负责人表示，学校采取"圈养"，主要都是为了保证学生安全。"现在都是独生子女，家长都很宝贝，小孩子又容易磕磕碰碰，其实有很多时候都是意外，但万一有事家长肯定会责怪学校看护不力，我们也很难做。"一些校长告诉记者。[1]

当时一看到这个新闻，我心里不由得嘀咕了一下，像上海这样的大城市竟然也会有这样的现象。后来看得多了，我发现越是发达的城市，这种现象竟然越多，而且不单是小学一年级，其他年级的课间也受到相应的限制。有人把这种现象形象地比作"课间圈养"，即在课余时间，教师将学生归置在教室或学校的特定区域，缩减学生活动时间和空间，限制学生行动自由的学生管理方式。[2] 概括起来，目前小学课间圈养现象主要有两个比较突出的表现。

一是时空限制。在空间方面，上海这些学校限制学生活动范围，就是很典型的圈养现象，学生在课间被一个无形的铁链给圈住了，不能跨越半步。而在时间方面，提前上课、下课拖堂可能也是常见的圈养现象，例如有学生形象地描述了老师拖堂及其学生心理："'叮，铃铃铃……'下课的铃声很清脆，也很洪亮。但是老师就是听不清楚这清脆洪亮的铃声，仍旧讲着课——

---

[1] 刘晶晶：《上海学校禁一年级课间活动引争议》，《基础教育》2007 年第 1 期，第 30 页。

[2] 陈娟：《校园圈养的困囿与突破》，《班主任之友（中学版）》2019 年第 11 期，第 4—7 页。

还极投入、慢悠悠的样子。而我已经心急如焚了，因为课间休息时间已经被老师拖用了五分钟。我向教室外边张望，别班的同学已经玩得热火朝天，热闹非凡。我心急呀，心痛呀，没法用语言表达了。哎呀呀，又过了两分钟了，老师慢悠悠地说：打开课本，布置作业……我晕过去了。"[1]

二是行为限制。比较常见的是出于安全考虑，学校和班级会对学生课间行为提出种种要求，规定若干个"不准"，如不准追逐，不准打闹，不准嬉戏。同时还配备了学生课间小警察，专门负责监督课间行为，一经发现就会登记名字、扣量化分，轻则被批评，重则还要接受惩罚。长此以往，学生似乎只能在课间喝喝水，看看书，上上厕所，孩子们的行为自然就被规训化了。

诚然，学校与班主任老师有安全等方面的考虑，实属无奈。然而从学生的角度，尤其是从学生生活质量来看，这种圈养式的课间实在是不明智的。它限制了学生身心的健康成长，也阻断了学生与外部世界的接触，甚至还妨碍了教学活动的顺利开展，影响了学生课堂生活质量的提升。试想一下，一个长期在课间得不到放松的孩子，会在课堂上有怎样良好的体验呢？

其实，课间是学生在校生活的一段特殊时空，是学生生命成长的重要组成部分，好的课间本身就是一种教育。因此，应在保障课间基本时空的前提下，丰富课间活动形式与内涵，为课间生活增添快乐色彩。

二、多一点精彩游戏

如果有人问课间干什么最好，我想所有学生都会脱口而出：玩游戏！是啊，回想起自己的小学岁月，老师教的语文、数学课的内容早已经忘记，但对课间同学们一起玩的游戏记忆犹新。弹玻璃球、玩纸卡、推人等，很简单，但也很快乐。如今社会已经发生变化了，还需不需要这些游戏呢？如果

---

[1]　史峰：《老师，我把课间"痛苦"说给你听听》，《班主任之友（中学版）》2009 年第 6 期，第 32 页。

需要，又如何引导同学们主动玩起来呢？我曾经利用教育部开发的"一师一优课"，观摩过湖南省岳阳市特级教师王新菲老师的课例《传统游戏我会玩》[①]，取材于二年级《道德与法治》下册，印象很深刻。

案　例	传统游戏我会玩

这节课从常见的"木头人"游戏开始，在"我们都是木头人，不准说话，不准笑，不准眨眼，不准动"的哼唱中，二年级的孩子迅速进入了游戏情景，并由此引入了课题，很自然很巧妙。

第一个环节是了解传统游戏。老师通过"击鼓传花"，请接到花的小朋友分别接受挑战，有看图片说游戏、摸物品说游戏、听儿歌说游戏，并顺势展示了滚铁环、跳房子、丢沙包、抽陀螺、丢手绢、跳皮筋等传统游戏形式，孩子们兴趣盎然。

第二个环节是体验传统游戏。王老师选用了"东西南北"的游戏进行贯穿。孩子们通过抽取"东西南北"等方位，分别学习和展示相应的游戏项目，包括翻花绳、打纸板、斗鸡、编花篮。前面三种游戏我见过，但编花篮我是第一次见到，原来是四个女孩子用右脚搭在一起，形成一座桥，然后一起单脚跳并拍掌唱歌，很有意思，很好地锻炼了孩子们的合作能力。老师还引导大家任意选择一种游戏形式，进行现场体验，同学们高兴极了，课堂上立即热闹起来。

第三个环节是拓展传统游戏。王老师以踢毽子为例，先是展示了最普通的一个键子，然后介绍了用不同材料制成的毽子，有报纸做的毽子，有树叶做的毽子，还有塑料袋做成的毽子，让同学们大开眼界。她还用视频展示了世界踢毽冠军的比赛录像，新颖的踢法、熟练的技术、刺激的动作，让同学们一个个瞪大了眼睛，拍起了双手，对传统游戏的创新产生了极大兴趣。

---

① 王新菲《传统游戏我会玩》：http://tjjs.1s1k.eduyun.cn/page/683805f5039b49a08c7d2da1e87b74ef.html。

课堂最后，王老师还为五个优胜同学发放了奖品——传统游戏玩具，并鼓励同学们在课后多玩游戏，玩好游戏。

一节课下来，师生认识和体验了 10 多种传统游戏，孩子们情绪非常饱满，课堂气氛也非常好。但我认为这节课更重要的是，打开了孩子们对课间游戏的认识，并在老师赠送的玩具中开启了课间游戏新的可能。这节课也打开了我作为一个老师的视野，我们自己对游戏的认识也是非常不足的，客观上影响了学生课间游戏的开展。的确，孩子与游戏是天然一体的，孩子们的天性就是玩游戏，理想的课间不能缺少游戏，因为在游戏中，孩子们放松了身心，加强了交往，发展了智力，益处多多。因此，要进一步丰富课间的游戏性，具体要做好两个方面的工作。

一是开设游戏的相关课程。就是要利用道德与法治课、班会课，引导学生学习和交流课间游戏的相关内容，丰富孩子们对游戏的认识。我特别建议老师们要挖掘《道德与法治》教材上有关游戏的内容，开展具体扎实的教学。以小学统编版《道德与法治》教材为例，有以下内容涉及游戏，值得深入探讨。

表 3　小学《道德与法治》教材游戏主题内容

课　时	课　题	课　时	课　题
一上第 7 课	课间十分钟	二下第 6 课	传统游戏我会玩
一上第 9 课	玩得真开心	二下第 7 课	我们有新玩法
一下第 13 课	我想和你们一起玩	二下第 8 课	安全地玩
二下第 5 课	健康游戏我常玩	五上第 1 课	自主选择课余生活

二是引导游戏的具体开展。我比较欣赏王老师课堂的最后部分，奖励给孩子们传统游戏玩具，巧妙地激发了孩子们下课玩游戏的兴趣，使课堂教学与课后实践实现真正融通，这很值得我们学习借鉴。另外，我也建议可以在学期末开展相应的游戏小擂台活动，以个人和小组为单位开展竞赛。还需要

指出的是，游戏不只局限于传统项目。传统游戏可以创新形式与玩法，让玩游戏的人有新的体验；而一些现代科技催生的新游戏，则完全可以吸收进入教室。如近年来孩子们常玩的魔方、魔尺等，都是很好的益智玩具。这样不断丰富与更新，相信会更长久地激发孩子们的课间游戏热情，更新课间生活的样态。

马云在一次演讲中，在评价中国的教育制度后，结合自己的经历提出要"学会玩"的观点，"文化是玩出来的，会玩的孩子、能玩的孩子、想玩的孩子一般都很有出息。我们是'教'，把'育'的东西拿走了"，其观点不一定全对，但的确能启发我们，要把课间玩游戏的权利还给学生。

三、多一些课间文化

游戏是课间的主要活动形式，但课间只有游戏也是不够的。从更高的要求来看，可能还需要在游戏之上突出精神引领、知识熏陶，我们称之为课间文化。作为一门潜在课程，课间文化从性质和内容两个维度，潜移默化地影响着学生的发展。

在性质方面，主要是看课间文化的整体价值导向，是积极的，还是消极的。目前一些不良的顺口溜在学校课间流传，如"太阳当空照，花儿对我笑；小鸟说早早早，你为什么背上炸药包；我去炸学校，老师不知道，一拉线，我就跑，轰的一声，学校炸飞了""学习苦，学习累，学习还要交学费，不如参加黑社会，有吃有喝有地位，还有美女陪着睡"，这些低品位的课间文化对学生的成长有着直接的负面影响。而在内容方面，主要是看课间文化的资源供给是丰富的还是贫乏的。实事求是地说，由于对课间生活缺乏扎实研究，大多数学校课间生活是自发的，呈现出贫乏无趣的特质。因此，增强和丰富课间的文化气息十分必要，具体要做好两个方面。

一是生动活泼，丰富多彩。这是对课间文化整体性的要求。区别于禁锢性的课间文化，我们希望课间活动能符合学生的年龄特点，多一些孩子们喜欢的项目，能够引导孩子们主动参与，而不是被动接受。我特别推荐苏联教育家阿莫纳什维利，他专门对课间进行了研究，并提出"课间休息的教育学"，值得认真品读。

几个女孩子发现了挂在一个钩子上的可以用来跳绳的绳子，我听到了从走廊里传来她们在跳绳的有节奏的击拍声和响亮的笑声。

在走廊里的墙上挂着一些令人心旷神怡的图画，在图画前聚集着一群孩子。

在走廊里的墙上还张贴着一张很大的、长达两米的厚实的白纸。在这张白纸的四周用扁平的木条安上了边框，看上去就像挂着的一幅巨幅图画一样，不过在上面还没有图画。在它的上方写着："请画下你想画的一切！"在旁边放着一些削好了的彩色铅笔。我确信，现在肯定已有四五个孩子把自己的幻想果实搬上了这张白纸。

在走廊里还挂着一块长黑板，旁边放着彩色粉笔，挂着黑板擦。也许，有几个孩子已经把自己的手和脸弄成了五颜六色的了。

在挂着的一幅横幅上用大写字母写着各种单词、成语、绕口令、谜语和数字。有一部分孩子一定在试着读呢。

所有这些都挂在与儿童的身高相适应的地方，让他们能很方便地看、读和画。

在走廊的一角放有 4 张小桌子，小桌子四周放着小椅子，在桌上放着内有彩色插图的册子、儿童杂志、数学罗托、成套的构筑玩具跳棋，甚至还有象棋。

在窗台上放着一套做滚球游戏的瓶状柱，我听到了叽叽喳喳声，这是孩子们在惊叹塑料制成的瓶状柱的精美匀称。[1]

二是因班制宜，凸显特色。这是对课间文化个性化的要求，课间虽然短暂，但是日常又频繁，如果能够在这个日常中形成新的传统，那对孩子们的

---

[1]　Ш.А. 阿莫纳什维利：《孩子们，你们好！》，朱佩荣译，教育科学出版社 2005 年版，第 23-24 页。

影响可能会比较持久而深远。各个班级可以根据学生的实际情况，尽量找到一些有特色的项目，不断改进和完善，逐渐形成有特色的课间文化。在这方面，我推荐光明区玉律小学徐苗佳老师的课间舞。

<table>
<tr><td>案　例</td><td>课间舞林大会</td></tr>
</table>

徐苗佳老师所在的玉律小学以艺术见长，大课间的集体校园舞就是学校的一大特色，孩子们也很喜欢。但是学校的校园舞比较固定，往往是一首曲目贯穿一个学期，时间长了，孩子们就产生了厌倦。于是徐老师动员同学们自行创编班级课间舞，并与四（2）班同学开展了一次"舞林大会"的班级活动。

整个活动模仿电视节目《舞林大会》，分四个队参赛，第一个出场的是炫舞飞扬队，人数较多，她们选用了《宁静的夏天》，旋律熟悉，动作简单，上手比较容易，有校园舞的味道。第二个出场的是水手队，选用了《水手公园》，这是学校之前的校园舞，孩子们比较熟练，她们聪明地在手部动作上作了一些改动，整体效果不错。第三个出场的是舞动青春队，选用王心凌的《彩虹的微笑》，她们的动作编排十分动感，幅度也很大，还有跳跃、转圈等，气氛很热烈。第四个出场的是小鲜肉队，是清一色的男生，他们模仿网络上比较流行的《我要的世界》手语操，音乐唯美，特色鲜明，再加上纯男生的表演，对比效果很好，引起了全场师生的兴趣。

舞蹈老师也专程来到班会现场，对各组节目进行了一一点评，既肯定了大家的成绩，又具体地点出了问题，提出了改进的方向。最后根据比赛规则，选出了《我要的世界》作为主打舞蹈，其他舞蹈则在修改后进行定期轮换。大家热情很高，纷纷表示要好好练习。

后期我多次接触这个班级，很明显地感受到经过几年的校园舞实践，孩子们能歌善舞、积极健康、表现力突出，一个个发言落落大方，很少表现出忸忸怩怩的样子，我相信这是特色课间文化对孩子们的影响。

四、促进更多元的交往

课间之所以成为生活，之所以被同学们留恋和珍惜，可能很重要的一点，就是在课间活动中，发展起了各种丰富而美好的人际关系。的确，相比课堂教学，课间才是发展关系、强化交往的更重要的载体，班主任在这方面大有可为。这方面的案例不少。

案 例	微社团，大价值

光明区爱华小学吴娜玲老师带班风格轻松有趣，深得孩子们喜欢。她带的五（2）班，由于男生居多，班级氛围相对活跃，时而大闹天宫，撞坏公物；时而相互掐架，将班里搅得鸡飞狗跳，令班主任头疼不已。经与学生座谈、问卷调查，老师了解到大部分学生课间生活无聊，所以才会无事生非。于是班级紧急发布召贤令，招纳贤能志士，班级课间微社团应运而生：五子棋、魔方俱乐部、七巧板社团、象棋大作战、秘密手绘社团。

经过一段时间的练习，各社团都有了不同程度的进步，吴老师便借机组织了一个展示性的班会"我的社团我来秀"。五子棋社社长管理有方，每位社员进步神速，几乎可以打败社长；象棋社团人气爆棚，他们摆出了小擂台，不但调动了班级男孩的兴趣，还吸引了其他班级同学观战；手绘社团的集体作品，颜色鲜艳，图形美丽，在儿童节、科技节等节日上，常常用来进行教室的装饰；七巧板社团能将七巧板与学语文相结合，拼出"叶公好龙""孟姜女哭长城"等成语典故，很有意思。最受欢迎的是魔方组，他们现场表演了各种绝活，可以站着玩，也可以坐着玩，个别孩子甚至还会单手玩魔方；除了魔方，他们也开发了魔尺，能折成各种不同的形状，有飞机、火车、葫芦等，让人眼前一亮。

班会过后，课间社团活动更有序了，参与人员更多了，初步满足了学生课间生活需求，极大地减少了课间追逐打闹的现象，同时还加深了与同学的友谊，相互关系更密切了。还有一些同学因此成为了小明星，在学校社团里大放光彩……

借鉴吴老师的活动，我们也提倡课间微社团。这是一个兴趣性的组织，它操作简单，成本较低，但效果突出，不但能让学生锻炼各种动手动脑的能力，而且能丰富成员之间的竞争和合作，发展和丰富课间的关系交往，这是一个很有意思的突破。据此，要开发课间育人价值，一个重要的落脚点应是丰富关系交往。

一是促进生生交往。毋庸置疑，课间生活需要正式组织与非正式组织，为了保持正常的秩序，可以适当设立班级课间岗位，包括擦黑板、保洁等，但更重要的是应大量发展一些非正式组织，如兴趣小组、社团。班主任既要有效指导各类组织的壮大与优化，又要引领组织成员有效开展工作，还可以组织课间社团交流的一些节点活动，以活动督促成员间的交流。

二是发展师生交往。"好关系就是好教育"，课堂教学是师生交往的主要渠道，但效果更好的师生交往应该发生在课后，课间里的非正式交往会带给师生更多的发现与惊喜。我个人建议可以多一些师生课间共同娱乐的活动，如教师参与学生社团活动，也可以多一些师生课间谈话，包括个别交流与群体互动，以亲切、自然、轻松的方式多谈一些与学习无关的个性化话题，相信会有利于师生的相互理解。

其实，以上的生生交往、师生交往还仅仅停留在班级内部，我们也可以鼓励利用课间开展跨班级的交往。学生方面，可以组织跨班级的社团交流活动，相同的主题与内容，往往会有许多共同的语言，碰撞出更多火花。教师方面，建议各办公室的大门在课间向学生敞开，包括校长办公室也可以欢迎学生出入，相信会建构不一样的校园生态。

第三节　让午间时段轻松愉悦

一、午间仅仅是托管时间吗？

　　　　　　　　　关于午餐的一次调研

　　光明区实验学校的李远城老师无意中发现，在校午餐的孩子中很多人不珍惜粮食，随意倒掉饭菜，造成了大量的浪费。为了了解真实情况，并提升学生们对粮食问题的认识，李老师在 10 月 16 日世界粮食日来临之际，专门组织了学生们学习粮食日的由来，然后在三年级的班级中开展了"今天你吃完饭了吗"的调研活动。

　　全班同学被分成六个组，在老师的帮助下，按照一定顺序进入到 1—6 年级同学就餐现场，分别通过观察、拍照、访谈、调查等手段开展调研。孩子们通过调研发现，午餐浪费现象极为严重，让人触目惊心。经初步统计，每个年级大约有 180 人就餐，但真正能吃完饭的学生不超过 10 人，绝大多数学生只吃了食物的 1/3，每天浪费的食物总量可以装满两辆推车。白花花的米饭、绿油油的蔬菜，倒在垃圾桶里十分刺眼……当孩子们采访同学、询问原因时，大家都支支吾吾、闪烁其词，有的说不好吃，有的说早上吃得太饱，有的说自己饭量不大。当看到有人拍照，许多高年级同学感到十分难为情，或者把饭盒藏起来，或者举过头顶，不让孩子们看，那模样十分尴尬。

　　当孩子们询问工作人员为什么不制止时，负责看管的老师面露难色地说："我们只是负责临时维持秩序，只要学生保持卫生、遵守纪律就可以了，吃不吃完全是学生个人的行为。"

是啊，这些负责管理和服务的人员都是临时的，工资也是由午餐配送公司支付的，他们的工作只是临时托管，不是教育。他们不是专业教育工作者，没有看到午餐的教育价值，似乎情有可原。但问题是长此以往，会对孩子们产生不良影响，甚至会培养孩子们浪费的坏习惯，起到反教育的作用。午餐只是午间生活的一部分，但从这一部分我们可以看出，学校和班级午间生活的问题还是非常突出的，主要表现为午间生活简单化。

一是认识简单化。主要是学校和班级对午间生活的价值认识不足，认为午间生活只是上午和下午的过渡，是师生休息的一个时间段，是学校教育的一个鸡肋，食之无味，弃之可惜。特别是考虑到老师也需要休息，午间管理颇为放松。大多数学校和班级认为，只要学生能吃饱饭、睡好觉就可以了，没有看到午间的两个半小时，实际上在学生一日校园生活中占据了比较重的分量。

二是教育简单化。在具体教育管理上，学生的午间生活呈现两种极端，其一是放任式管理，只要学生在校不出校门，不破坏公物，可以自由聊天、运动，也可以看书、做游戏，教师只维持基本秩序即可。其二是严控式管理，教师要求学生必须准时吃完饭，准时午休，不得有丝毫违规。这两种方式其实都是把午间生活简单化的处理方式，没有看到午间生活的独特性。

深圳地区学校午间时段相对较长，有两个多小时，内容丰富，包含午餐、午休、午会等相关内容。以前在校午休的学生比较少，但随着经济的发展，学生家长的工作节奏日趋加快，较少有专门时间腾出来为孩子做中饭。于是午托需求量越来越大，参加在校午托的人数急剧增加，有些班级甚至有半数以上的学生在校午托。如此庞大的人群，如此漫长的时间，使得午间在一日生活中的地位越来越凸显，如果不加以重视，教育的整体效果势必大打折扣。相反，如果加以专业研究与应对，有助于增强学校教育的力量，从长远看，也有利于孩子一日生活作息习惯的养成与优化。

因此，我们认为午间是一个独立的特别时间段，是学生在校生活的重要组成部分，有比较重要的育人价值，需要教育者认真加以分析，并予以细化处理。既要把握午间生活的科学性，做好相关工作，为学生的身心健康服务，同时也要把握午间生活的主体性，充分发挥师生在建设午间生活上的积极性，实现自我教育。

二、午餐要有序

午餐是学校午间生活的核心内容，也是午间教育最集中的地方，备受家长和社会的各方关注。首先是家长，他们普遍关心的是"吃什么"，孩子们能否吃饱，能否吃好，吃得是否安全健康，这是从孩子们身心发展的角度而言的，反映的是午餐的本体价值。其次是教育工作者，他们既要关注"吃什么"，还要关注"怎么吃"的问题，即关注孩子们是浪费还是节约，是挑食偏食还是保持均衡饮食，过程中是否注意用餐礼仪，这可能就是午餐的过程价值。因此，午餐本身就成了一个教育问题，不仅仅是吃饭，而且是围绕吃饭展开的多层次的教育问题，必须予以重视。如何挖掘午餐的育人价值呢？

一是要加强饮食习惯的培养。一方面是孩子们的卫生习惯的养成，如饭前洗手、饭后保持清洁等，这在今天普遍重视健康的背景下很有紧迫性。另一方面是孩子们节约习惯的养成，吃多少取多少，不挑食不浪费。我曾经在江苏省常州市戚墅堰东方小学观摩过他们的午餐课程，印象深刻。值日班级除了现场维持就餐秩序、督促就餐学生不浪费外，还有一个非常重要的任务是收集泔水并称重，与上一天进行比较，了解学生剩菜剩饭的情况，并及时上报给学校，反馈给全校学生。用这种直观的方式，强化学生的节约意识，很有意义。另外，我还要推荐日本中小学的食育经验，他们整体比较成熟，值得我们借鉴。

学校午餐叫"给食"，不是简单的吃饭，课表里写作"给食指导"。午餐是一天教育活动中的重要组成部分，是午餐课。

给食是学生自己配餐、送餐，有几个学生值日，每周换人。配餐的学生每人负责一种菜品，同学们端着午餐盘排队领餐。餐前洗手当然不在话下，所有学生还要穿上白大褂的进餐服方可作业和进餐。家庭课中的筷子拿法和进餐礼仪也属于给食指导的内容。

配餐后会有些剩余，学生可以要求添加饭菜，但必须等到午餐开始 40 分钟以后，因此，吃得太快也不能提前加饭、加菜，鼓励细嚼慢咽，珍惜粮食。

进餐的重要标准是不剩饭，叫"完食"，不吃干净，等于没有完成作业。如果偏食同学剩下不喜欢吃的，那大家就要等他们全部吃完。有个从菲律宾回日本的男生不爱吃香蕉，午餐一有香蕉他就犯难，但直到他把香蕉吃完，老师才宣布午餐课结束。有学生因过敏不能摄食某些食物，那就要在入学时的健康问询表上注明。[①]

二是加强劳动习惯的培养。与午餐相关有许多劳动的内容，其中包括制作食物的劳动，比如说帮厨，相信在厨师的指导下进行美食制作，对许多小孩子而言都很有吸引力；也包括辅助就餐的劳动，比如说收拾餐具、打扫卫生等。这些工作很细碎，但十分必要，符合当前倡导劳动教育的时代要求，对孩子们综合素质的提升也有重要价值。

| 案 例 | 午餐服务，人人有责 |

光明区光明小学的陈苏园老师担任了一个午餐班的班主任，这是一个由三年级多个班在校就餐的孩子组建起来的临时班，每天中午 11：40 到 13：40 这个时间段在一起。由于班级的特殊性质，这个班级的问题特别多，大部分孩子无所事事，在室内比较吵闹，大声喧哗，甚至到处奔跑。为了解决这些问题，在大家的集思广益下，陈老师组织同学们成立了四个小队，让每个人都参与到午餐服务工作中来。

---

① 谭琦：《日本国立小学 365 天》，生活·读书·新知三联书店 2017 年版，第 82 页。

餐具收发服务组，主要负责餐前发放餐具、牛奶，餐后收集纸盒，提醒同学们将餐具整齐放到回收点等；午餐秩序维护组，主要负责组织取餐时的排队秩序，维持整个时段的纪律等；午餐卫生保洁组，主要负责宣传卫生知识，提醒同学们在餐前洗手，餐后注意个人卫生，就餐时不说话、不挑食、不剩饭；餐后娱乐放松组，主要负责安排组织餐后的放松活动，如画画、看书、听音乐等，帮助同学们快速进入午休状态。

　　各组之间分工合作，投票选出了组长、副组长，初步制定了相关的服务方案，还定期开展评议会，对优点进行表扬，对缺点进行提醒并给出建议，对突出的个人进行表彰，午餐活动的效果越来越好。

　　很明显，有无午餐管理和教育对于孩子们的影响是十分明显的。没有管理的午餐是无序的，午餐育人价值是散落的，有管理和教育的午餐是良性的，育人价值是凸显的。整体来看，我国对这一问题的研究还比较零散、不系统，建议有识之士在这方面积极创造经验、贡献智慧。

三、午休须健康

　　午餐问题解决过后，午休问题便提上了议事日程。光明区光明小学的陈敏老师承担了午休问题的探索任务。前期的调查显示一年级孩子午休情况不容乐观，95.7% 的家长明确希望孩子能养成午休的习惯，但是能安静午睡的孩子只占 49.46%。孩子们不睡的原因主要有：没有睡意、入睡需要较长时间等。怎么办呢？

案　例	学会午休有方法

　　在团队成员的建议下，陈老师把问题抛给了学生，向孩子们求助。有孩子提出继续沿用幼儿园午休的方法，即在午餐后老师会让同学们短暂地散步，回到午休房后，开始播放比较轻柔的音乐，并朗诵一些小故事，帮助同

学们进入睡眠状态。老师还会指导一些难以入睡的同学闭上眼睛……

这些经验启发了大家，同学们分成了三组，即睡前组、睡中组、睡后组，分别讨论如何做，一个个非常投入。睡前组主要安排三个任务：散步、放音乐、讲故事。散步比较简单，容易操作，选择好路线即可；但音乐和讲故事稍微有点困难，因为一旦播放音乐、讲述故事，负责该项工作的同学就没有自己的午休时间了。有同学建议可以找老师借一个MP3，把音乐和故事放在一起，并设置相应的时间，到时就暂停，大家觉得很巧妙。睡中组的同学经过讨论，提出可以改进午睡用具和午睡方法。大家整理了必备的午睡用具清单，如枕头、眼罩、垫子、毛巾，还总结了放松法、数绵羊法等方法，同学们觉得很实用。睡后组的主要任务是整理与打扫，经过讨论，大家明确了一方面要整理个人用品，不遗漏、不丢失，另一方面要学会爱护他人财物，保持清洁卫生，并帮助午休教室恢复原有的课桌，让下午上课的同学有一个舒心的环境。

这次讨论班会过后，同学们午休果然有序多了，睡眠的质量也提高了不少，老师们反映同学们下午打瞌睡的现象少了。

对长期生活在南方的人而言，中午不睡午觉，下午地动山摇，午睡似乎是一个必备的生活环节。夏天不用说，就连冬天也要睡一个短觉，那才觉得舒服，以此来缓解疲劳，放松身心。小孩子其实也需要从小养成这个习惯，这对于他们规律性地开展学习和生活是十分有益的。现实中，孩子们午休情况千差万别，但学校管理往往比较简单划一，一般通过纪律手段，迫使孩子们午休。尽管有一定效果，但据我所知，许多孩子只是按要求趴在桌子上，实质上是睁着眼睛，盼望着响铃，那种感觉十分难受和奇怪。陈老师组织午休的案例，给了我们一些启发。

一是尊重学生。陈老师很可取的一点，就是把问题抛给学生，请学生协商解决。在这方面我相信学生比老师更有发言权，事实也证明，孩子自己想出来的办法比老师硬性要求要管用得多，也易于为大家接受。因为在这个过程中，他们的自主性得到了体现。另外，还有一类学生的确存在，他们长期无法午睡，但下午也不受影响。对此我认为要因人而异，可以考虑以另外的方式，如经过申请同意，给这些孩子开放另外的空间，让他们在不影响他人的情况下进行安静的阅读。当然这种方式也需要保持长期稳定，不能今天睡觉，明天阅读，后天又做其他的，需要在稳定中形成健康的生活方式。

二是尊重规律。主要是尊重学生身心发展的特点。午休是上午和下午紧张学习的过渡节点，必要的休息对于调节身心十分重要。但是由于学校条件有限，绝大多数中小学不具备幼儿园那样的午休房，所以许多学校只是简单要求学生直接趴在课桌上睡。医生们一直反对这种睡姿，认为长期会对脊柱造成影响，怎么办呢？可以改变午休方式，尽可能创造条件，让孩子们以健康舒适的方式午休。我曾经在广东省佛山市南海区灯湖小学见过一种做法，同学们在老师的指导下，在睡前迅速将课桌拼在一起，在教室中间空出一块空地。然后孩子们将自行携带的瑜伽垫等用具铺在地上，冬季再用上睡袋就可以躺睡了，我觉得效果不错。

午休问题看上去很小，但实际上是学生的基本生活需要，对这些小问题是否关心，在一定程度上反映了我们是否以生为本，是否以人为本。只要我们本着关怀学生健康成长的理念，深入研究，借助多方面力量，应该能较好地解决午休管理与教育问题。

四、午会可以更轻松

在小学，在校午餐午休可能只是部分学生，因为有很多学生是走读生。深圳的学校一般会在 13:40 开校门，14 点开始午练，在这 20 分钟内，班级的同学会陆陆续续到齐。在这个空当时间，同样会出现班干部疲于应付、教师无暇管理的局面。为了改善这一现状，老师们总是提醒孩子们完成作业，但是一整天都在学习，孩子们会觉得枯燥乏味，除了少数认真自觉的，大部分孩子在室内都比较吵闹，甚至会大声喧哗。

根据一些优秀班主任的成熟经验，我们建议利用这 20 分钟时间，开设班级自主午会。午会是一个自主教育的时间段，是开展学生自主活动的良好契机。相对而言，学校的许多教学时段，都是学校预先规划好的，学生自己发挥的空间比较小。设置一个专门进行自我教育的时段，是对学校正式教育的有益补充，也是发展学生综合素养、提升自主能力的良好载体，对培育班级文化也是一个有益尝试。

一要体现自主教育。说到底，班级是学生的，但如何把班级还给学生，不是口头说说而已，而是需要有一定的具体实践。在午会的策划组织过程中，教师要放手让孩子们自行组建队伍、自主策划活动、自觉开展实践。这里的自主既包括小组自主，也包括个人自主，要在小组的基础上鼓励每个学生主动承担一次活动的组织任务，大胆展示自己。老师可以起到指导作用，在学生有困惑的情况下，提出可行建议，提供相关资源。在这方面，光明区光明小学的欧恋佳老师曾经作了很好的尝试。

案 例　　　　　　　**自主午会有魅力**

欧老师曾经与五（2）班同学一起商量，定期开展能展示个性特长的午会活动。孩子们很主动，通过前期报名，共同形成了五个项目组，分别是科技探秘组、古籍装帧组、旅游攻略组、才艺展示组、新闻播报组。在大家共同碰撞下，通过老师的指导，五个小组制订了计划，开展了具体的活动。其中旅游攻略组的活动尤其受欢迎，他们曾这样分享自己的成功奥秘。

组长：我觉得主要是因为我们的内容比较接地气，同学们都比较感兴趣。

成员1：我们有一位非常负责的副组长，她甚至比组长更加努力，每次都上马蜂窝、百度查找很多资料，跟组员一起筛选有用信息，同学们都比较喜欢听。

成员2：一开始我们的PPT文字太多，字太小，同学们看得有点不耐烦，后来我们又增加了一些图片，不断地改进，同学们明显积极多了。

成员3：我们在每次分享中，都会设计互动环节，既考验大家有没有认真听，又可以激发同学们的兴趣。

副组长：我们两位主讲也是很棒的，以前她们的声音很小很小，台下的观众都听不见，后来她们两个人都会提前熟悉 PPT 的内容，然后再一起进行分享，进步越来越大。

成员 4：我们也需要改进，因为每次都太紧张了，我们还会犯读稿、拖音等毛病……

组长：不着急，多总结，多改进，会越来越好的！

由此可以看出，孩子们非常珍惜这样的展示机会，学生个人与团队为此作了大量的精心准备，这个过程本身对孩子就是一种很好的锻炼与培养。

二要提升课程意识。尽管这个午间活动是自主性的，但自主不等于可以放任，要力争从系统性的角度进行整理和规划，形成一定的课程体系，发挥教育的整体效果。如南京三中的陈宇老师，每天利用午间给学生看 20 分钟的电影，逐渐形成了有班级特色的电影课程，很有价值。

每天中午学生吃完饭后，有一些自由时间。学校规定学生必须午休，但还是可以抢出来一点时间。我们利用 20 分钟（12:30—12:50）安排"午间影院"活动，每周 3 次。

每次时间虽然不长，但是积累起来一个星期也有 1 小时，一个学期达到 20 小时左右，可以看完十几部电影，"麻雀战"的效果可见一斑。从简单地观看影片、休息放松到发展成为一门班本课程"世界经典影片赏析"，我们逐步提升了活动的规格，更好地发挥了电影的教育功能。"午间影院"成为最受学生喜爱的"微活动"之一，对学生拓展视野、提升欣赏水平、领略世界多元文化起到了很好的促进作用。[1]

---

[1] 陈宇：《利用学生在校零散时间开展"微活动"》，《班主任》2015 年第 3 期，第 21-23 页。

第四节　让放学之后依然丰富多彩

一、你有放学的记忆吗？

<table>
<tr><td>案　例</td><td>消逝的"放学路上"</td></tr>
</table>

下午 4 点半，方才还空荡荡的小街，像迅速充胀的救生圈，被各式私车和眼巴巴的家长塞满了。

开闸了，小人儿鱼贯而出，大人们蜂拥而上。一瞬间，无数的昵称像蝉鸣般绽放，在空中结成一团热云……

从前，上学或放学路上的孩子，就是一群没纪律的麻雀。无人护驾，无人押送，叽叽喳喳，兴高采烈，玩透了、玩饿了再回家。

回头想，童年最大的快乐就是在路上，尤其放学路上。

那是三教九流、七行八作、形形色色、千奇百怪的大戏台，那是面孔、语言、腔调、扮相、故事的孵化器，那是一个孩子独闯世界的第一步，乃其精神发育的露天课堂、人生历练的风雨操场……我孩提时代几乎所有的趣人趣事趣闻，都是放学路上邂逅的。那是个最值得想象和期待的空间，每天充满新奇与陌生，充满未知的可能性，我作文里那些真实或瞎编的"一件有意义的事"，皆上演在其中。它的每一条巷子和拐角，每一只流浪狗和墙头猫，那烧饼铺、裁缝店、竹器行、小磨坊，那打锡壶的小炉灶、卖冰糖葫芦的吆喝、爆米花的香味、弹棉弓的铮铮响，还有谁家出墙的杏子最甜、谁家树上新筑了鸟窝……都会在某一时分与我发生联系。

对成长来说，这是最肥沃的土壤。

很难想象，若抽掉"放学路上"这个页码，童年还剩下什么呢？

于我而言，啥都没了，连日记都不会写了。

那个黄昏，我突然替眼前的孩子惋惜——他们不会再有"放学路上"了。

他们被装进一只只豪华笼子，直接运回了家，像贵重行李。

……①

这是著名作家王开岭一篇流传很广的文章，引发了许多读者的共鸣，我本人就是其中之一。我记得自己小时候放学后，印象最深刻的就是一群男孩子聚在一起"斗鸡"，主要是把一只脚抬起来，用另一只脚跳跃与对方冲撞，争取把对方撞倒。尽管有点疼，但孩子们痛并快乐着。我们一群小伙伴天天放学都玩这个游戏，天天乐此不疲，这差不多成了我最大的童年乐趣，也是我对小学生活最留恋的东西了。现如今，等我们的下一代放学时，这一切都慢慢地、悄悄地消失了。孩子们直接从学校被运回了家，过程被极大简化，而与过程相伴随的独特体验也自然消失了。从表面上看，这是学生放学的交通方式的转变，实际上是学生放学的生活方式的转变，反映了学生放学后活动的日渐缺失。

一是学生自主探索的缺失。放学不同于上学，是不受教师等成人制度化管控的生活状态，以自我探索为主，这种自我探索是孩子独立人格发育的重要起点。旧时放学路上的孩子"无人护驾，无人押送，叽叽喳喳，兴高采烈，玩透了、玩饿了再回家"，没有成人盯梢，只有伙伴打闹，这种难得的自由恰恰是对正式教育的有益补充。缺乏这一点，孩子的成长是不完整的，也可能是不健康的。我们今天许多孩子过于乖巧，大多没有玩够，没有玩透，但在成年以后，有人仍然沉溺于儿童化游戏，甚至走上违法犯罪道路，这显然是对儿时自主探索缺失的补偿，其代价是非常高的。

---

① 王开岭：《消逝的"放学路上"》，《少年儿童研究》2013 年第 11 期，第 46–49 页。

二是学生社会学习的缺失。学生在校接受的多是正规的课本化知识教育，系统性有余，但现实性与生活性不足，因此，提供给孩子相对充裕的放学时间，就是为了弥补知识学习的不足，丰富学生的社会与生活体验。正如王开岭先生所说，"那是三教九流、七行八作、形形色色、千奇百怪的大戏……乃其精神发育的露天课堂、人生历练的风雨操场"，其价值很难说会低于课本学习。今天，许多孩子明显在精神上"缺钙"，智商很高，情商很低，还有一批孩子抗挫折能力很差，经不起风霜，心理危机事件频发，究其根本就是深陷于单一书本，远离社会生活，是很可惜的。

放学活动的缺失是一个复杂的现象，有学校原因，也有家庭原因，还有社会的原因。从教育者角度来看，我们认为放学是孩子一日教育生活的重要组成部分，提供健康和谐有意义的活动，是学校教育的必然要求。这需要学校教育工作者包括班主任立足实际，挖掘多种资源，广泛联系家庭与社会，为孩子健康成长提供教育支持。

二、要优化放学常规

放学是一件具有常规意义的工作，有一些常规内容要把握，包括一日小结、卫生值日、放学路队、离校道别等。做好放学常规，有利于教师有序地结束一日教学工作，并帮助孩子们顺利地从学校生活转换到家庭生活。这些工作一旦有所疏漏和忽略，往往会对学生后续活动有所影响，甚至还会产生安全方面的隐患。因此，我们要把握学校"出口关"，认认真真地把放学工作做好，具体要把握两个重点。

一是值日保洁。值日是班级放学的常规之一，既是重点，也是难点。我们经常发现孩子们到学校后不会值日，主要是因为许多孩子在家里没有劳动习惯，由父母包办代替，所以值日动作慢，磨蹭多，花费大量时间。这不但会影响学生正常放学，也会影响班级荣誉，因此要花力气提升学生的值日技能。在这方面，光明区李松萌学校的陈家琪老师提供了较好的经验。

我是值日小能手

陈老师带的二年级孩子们普遍不会值日，经常需要成人代劳。于是，她与家长和学生商量，决定以小队为单位开展一次"我是值日小能手"的竞赛活动，并提前两周公布了竞赛项目和要求：扫地，总分20分，要求用正确、熟练的姿势，把垃圾扫干净，并且不能让灰尘飞扬起来；拖地，总分20分，要求正确使用拖把和拖桶，把地板拖干净，不留太多水印，并且用后把拖把洗干净、拧干；洗抹布，总分20分，要求用正确的方法把抹布洗干净、拧干，不要将水洒在地面上，不要弄湿衣服。这些对于成人来说很简单的要求，对于二年级学生而言却并不容易，他们在父母的指导下，纷纷对照项目在家里开展了多种练习，慢慢地熟练了。

终于等到了比赛那一天，在家长与听课老师的见证下，全班五个小组分别派代表参加了三项比赛，每个组都摩拳擦掌，信心满满，表现得十分出色，有些组个人技能突出，动作熟练，任务完成质量高，俨然像个骄傲的小明星；有些组分工合理，在组长指挥下，合作有序，用时短，效果好，让在场的观众感到惊讶。为了公平起见，班主任还专门邀请了学校的保洁阿姨担任评委。保洁阿姨认真细致，很专业负责地给出了分数，还指出了各小组的优缺点，让大家心服口服。最后两个小组以优异的成绩获得了奖励，其他小组也收获了掌声，大家都觉得劳动很光荣。

这项活动推动了学生值日技能的提升，班级保洁效果也越来越好，值日生放学回家的时间也越来越早了，而且在学校卫生评比中，每次都能得到较高的分数，提升了班级同学的荣誉感。

二是放学小结。每日事，每日毕。对于小学低年级学生而言，每日小结工作很重要，对学生行为习惯的养成有重要作用。我们建议老师们要有责任意识，要充分利用这个时间段，准时出现在教室里，及时发现问题并妥善处理，为一天的常规学习画上句号。需要提醒的是，教师的小结要到位，评价尺度要适当。一方面对一些不足的批评要适度，不要上纲上线，不要让学生过分难堪，否则过分的批评有可能会造成恶性循环；另一方面要善于表扬和鼓励，要让孩子带着成就和荣誉回家，这样他们就会继续以良好的姿态开启家庭生活。在这方面，一些优秀班主任的经验值得借鉴学习。

最近我给自己提了一个要求：每天的放学总结，一定要让学生们有感动、感触，让他们心生愉悦，对第二天的学校生活有一种期盼和等待。

先从哪里做起呢？

我将自己每日放学总结的内容分为三类：学生的不足和当日要批评的事放在第一类，不足和批评不能回避，要说也该说，那就放在第一个；其次是不带任何情感成分的事件，如学校通知等放到中间说；最后是优点和表扬，如当日出现的好人、好事、好现象。

按照心理规律，这样不仅能让学生在愉悦的心态中更容易接受批评和建议，而且那最后的表扬和赞美也会让学生怀着愉快的心情回家。[①]

三、开展必要的班级娱乐

值日是一种制度化的班级任务，有利于培养孩子们的责任意识，但对一个集体而言，还需要有非正式的班级娱乐。放学之后，开展合适的文体活动是个不错的选择。

案 例	放学，邀你打乒乓

光明区光明小学的田宇燕老师新接了一个比较"低调"的班级。这个班级从一年级到五年级，从来没有在学校上过公开课，学习成绩较差，各种比赛成绩也比较靠后，孩子们普遍比较害羞，表达能力较差，班级凝聚力不强。为了改变这种局面，田老师想利用放学时段，开展全班能够一起参与的

---

① 周秀英：《让学生们带着愉悦回家》，《中国德育》2009 年第 9 期，第 59–60 页。

体育活动。恰好学校的乒乓球台利用率不高，长期空闲，于是田老师便决定从这开始，组织班级乒乓球课余社团，活动时间是从放学到静校的 20 分钟，愿意参加的同学均可以报名。这吸引了全班绝大多数同学的参与，每天除一个小队值日外，其他四个小队都能积极开展活动。针对一些共性的问题，如不守纪律、乱插队等，大家还制定了一些规则，个性化很强，但很有效。

1. 主动签到。队长把签到表放到台下，队员自行画钩。因特殊情况不能参加者需写好请假条。

2. 活动分为 2 组，各 5 个人。开始 10 分钟是教授时间，由 2 个会玩的同学轮流带 3 个不太会玩的，后面 10 分钟是切磋时间。

3. 每次切磋均为两人对打，三局二胜，下个参与的人为裁判，其余人站在裁判后边排队观摩并加油。

4. 遵守规则，裁判要公平公正，认真负责。队员要遵守纪律，输了要换人。

奖励：每周评选最佳队员，奖励一份精美礼物！

惩罚：不遵守规则的，停玩一天！

我很好奇这个活动，有一次专门去"侦查"了一下，发现比我想象的还要好。每个小队占据一张乒乓球台，尽管各队水平不同，但都非常投入，一个个玩得不亦乐乎。当天除了班主任，数学老师竟然也在乒乓球场，轮流与各小队打球，虽然老师打球的水平并不是特别好，但依然受到了同学们的追捧。

一天紧张的学科学习结束后，每个孩子内心里都渴望得到某种放松。对于爱玩爱闹的孩子们来说，体育运动差不多是最符合天性的方式了。经过活动，所有的疲劳都消失了，不但有利于身体健康，有益于心理调节，而且对集体意识的形成非常有好处。这种单纯的文体娱乐活动，在当前条件下越来越稀有，因而也越来越值得珍惜，应尽可能组织和开展，并在过程中尽量体现出以下特点：

一是趣味性浓。即要好玩，让所有男女同学均喜欢并能参加。有些活动可能更适合男生，如篮球、足球就不能广泛开展；有些活动可能更适合女生，如跳皮筋也不宜大面积推广。

二是操作性强。即要尽量简单，一些对场地要求过高的项目也不宜开展。当然，假如学校有这个条件，如恰好有乒乓球台闲置，就能及时利用起来，如果没有这样的条件，就要寻找一些大众性的项目了。

三是交互性好。即在活动中，参与者之间能充分沟通、合作。如果有教师能参与其中，相信会激发孩子们参与活动的热情，融洽师生关系。也许教师在这方面的天赋不足、水平不高，但没有关系，关键是重在参与，毕竟是以娱乐放松为主，有时师不如生，往往会更有喜剧效果，更让人印象深刻。当然如果教师能利用自身的特长开展指导，可能会进一步提升活动的含金量，如果能开发出班本课程，这样就更有意义了。

美国著名的年度教师雷夫，结合自身特长，每天放学后组织学生自愿留在第 56 号教室里，围绕莎士比亚的《哈姆雷特》进行排练，差不多通过九个月的努力，最后在学校连续三周演出一场场"舞蹈编排轰动全场，摇滚乐团火力全开"的完整版莎剧，不但成为全校最酷最特别的社团，更让孩子们终身受益，变成了有标签意义的"霍伯特的小小莎士比亚们"，其中的过程虽然漫长，但收获如此丰富，值得我们学习。

四、要引导学生安排校外活动

学生的放学时光不只是在学校度过，更多是在家庭和社区度过。尤其是在目前"双减"与课后服务的背景下，一方面学生的作业量得到了控制，另一方面学校有专门的作业辅导时间，保证了大部分小学生作业不出校门，这样就为孩子们争取了大量的校外活动时间。如何引导孩子们在每天放学回家后玩得开心、玩得文明，在当前尤其值得研究。人教版《道德与法治》一年级上册安排了《玩得真高兴》一课，对放学回家活动进行了讨论，很有针对性。利用教育部"一师一优课"平台，我观摩了浙江省杭州市临安区青山小学赵玲玲老师的课例，感觉收获很大。

本课由"放学回家玩什么""这样玩好吗"两个板块组成，希望让孩子明白回家后可以一个人玩，也可以跟小伙伴、家人一起玩，引导学生在家时进行安全、文明的游戏活动，合理地安排好自己的时间，享受玩耍的欢乐。

课堂从"放学回家玩什么"切入，请孩子们分别谈一谈"一个人回家玩什么""和伙伴一起玩什么""你们还喜欢找谁玩"，结合班里孩子自己玩、和伙伴及家人玩的照片，引导他们分享各自玩耍的内容，包括画画、看书、剪纸、唱歌、玩老鹰捉小鸡、玩陀螺、去游乐场、去广场上放风筝，丰富孩子们对放学玩耍的认识，帮助孩子们安排回家的活动。

接下来，围绕"这样玩好吗"，出示五幅图，展示典型情境，帮助孩子们学会辨别，深化认识。第一和第二幅图（做作业，看电视），引导学生合理地玩，既要选择适合孩子观看的动画片，也要合理安排看电视的时间；第三和第四幅图（在楼道里发出声响，在家里拍皮球），指导孩子们文明地玩，不能只顾着玩，吵了别人，还弄脏了小区的围墙，引导孩子们在和小伙伴玩时，要相互提个醒，做到文明玩耍。第五幅图（小朋友玩火），引导孩子们要安全地玩，同时拓展"家里着火了怎么办""火灾发生时怎么逃""成功逃生后要做什么事"，引导孩子们在玩耍时把"安全第一"牢记心中。

最后老师送给大家一份"玩得真开心"点赞卡，用家庭点赞卡的形式让孩子们学会反思，并付诸行动。

表 4 "玩得真开心"点赞卡

在家玩时	点赞内容	星期一	星期二	星期三	星期四	星期五
是否注意 安全	1. 不玩火、不玩电 2. 不爬高、不爬窗 3. 不玩剪刀、刀具等尖尖的东西					
是否注意 文明	1. 轻轻地，不影响家人和邻居休息 2. 能和伙伴友好地玩 3. 能整理好自己的玩具					

在家玩时	点赞内容	星期一	星期二	星期三	星期四	星期五
是否合理安排时间	1. 先做作业再玩 2. 每天看电视不超过半小时 3. 每天阅读半小时课外书					

这节课给我的启发在于，尽管孩子们放学后的生活多是在家庭和社区度过，但其内容、质量与学校教育紧密相连。虽然不能直接干涉孩子的家庭生活，但是班主任可以搭建一些平台，帮助孩子们丰富放学后的活动。在我看来，班主任老师可以从以下三个方面努力。

一是自觉控制作业量。目前在史无前例"双减"政策的背景下，孩子们的作业量明显减少，因此放学后，小区里进行室外活动的孩子明显多了起来，可见作业量是影响放学后活动的直接因素。但是我们也有所担心，这种作业量压减的现象会不会反弹？这样的情况之前还是有先例的，关键还是需要班主任及科任教师对学生综合素养有正确的认知，对课后活动的价值要有充分的把握，而后自觉地维护相对稳定的作业量，帮助学生争取课后玩耍的时间。

二是与家长保持协调。孩子们放学后的校外生活质量，需要教师引导，更需要家长观念与行为的更新。在观念上，教师应通过家长会等各种渠道，引导家长认识家庭生活、社会生活的教育价值，特别是认识到玩耍的独特价值，包括学业促进价值。更要引导家长在行动上积极创设有利于孩子课后活动的时空条件、人际条件，让孩子们在家庭、社区里想玩、能玩、有人玩、玩得好。

三是倡导形成良好的社会环境。"放学路上"之所以消失，一个很重要的原因是缺乏安全可靠的社会环境支持。家长们不放心孩子的校外安全，所以才用一只只"豪华笼子"，把孩子们直接打包带走。这方面老师的力量是有限的，但也不是毫无作为的，完全可以创新形成范例，继而引导政策的更新与改良。众所周知，在日本孩子上小学就要独自去学校。其经验有许多，包括"住在附近的孩子们往往会结伴同行，一些高年级的孩子也会担任

'领队'，途中会起到引领和保护的作用。而且每间学校都配备有'学童拥护员'，他们由3位老师担任，每天上下学时间，会分别站在校外3个车流量大、交通比较复杂的路口引导学生们安全通过。私人自发组织'PTA'（家长教师联合会）也给予了很大的帮助，'PTA'的成员定期轮流担任安全员，每周3至4次去'交通要道'护送孩子"[1]。这些内容都值得我们各学校进行借鉴，并进行创造性发展。

随着学校周边的安全环境普遍受到重视，公安、城管、文化等部门加大整治与投入，加上优秀学校的先行尝试，相信不远的将来，也可以实现学生安全上下学。到那时，消逝的"放学路上"就会慢慢回归，孩子们的放学生活会真正丰富多彩。

---

① 夏至：《通向独立的小径：日本孩子为什么独自上学》，《世界博览》2015年第21期，第60—61页。

第三章

文化节庆日生活育人

节日是什么呢？在《现代汉语词典》中，特指纪念日，或指传统的庆祝或祭祀的日子。简单地说，节日是与常日相对的日子。有了节日，才有了常日，才有了日子与日子的区别，人们才得以跳出常规的生活，获得快乐与意义。节日其实是一种文化产物，也是一种人化产物，它打破了人的日常生活惯性，使人们逃离日常生活琐事，因而它对生活于其中的每个人而言，具有十分特殊的生命价值。

　　在班级生活及其育人的背景下，节日生活十分重要，如何在班级生活中过好节日，达到育人目的呢？我们认为要对节日进行合理划分，依据时间和对象的不同，在班级中节日可分成四种类型，即传统节日、现代节日纪念日、校园节会、班级自主节日。

第一节　让传统节日充满生活味道

一、传统节日应是什么味道？

传统节日通常指在中华民国成立之前已经出现并延传三代以上的节日，其中既包括以汉族为主体多民族共享的岁时节日，也包括各少数民族创造的节日，还包括地方性节日。[①] 当前，国家对传统节日比较重视，明确要求各级单位通过节日加强传统文化教育。在这种背景下，传统节日类主题班会在小学特别普遍，但是由于缺乏系统研究，也存在较多课程化的误区。

案　例	中秋节还是中秋课？

中秋节前，李老师上了一堂班会"我们一起过中秋"，吸引了本校和其他兄弟学校的班主任一并参与，人数众多，场面比较宏大。围绕中秋主题，李老师与二年级的同学们分成了六个小队，分别承担不同的任务。

班会课上，第一小队展示了他们共同收集到的关于中秋的来历，并将它编排成了舞台情景剧。第二小队负责广式月饼的制作，他们展示了小组合作做月饼的视频，而且现场带来了亲手做的月饼，让同学们品尝。第三小队通过准备，收集了一批有关中秋的古诗词，现场与同学们一起表演了吟诵。第四小队负责灯谜，他们提前制作了柚子灯，提高了中秋猜灯谜活动的趣味性。第五小队主要负责收集世界各地的中秋习俗，包括韩国、日本、泰国以

---

① 张勃：《建构时代的中国节日建设》，《民俗研究》2015 年第 1 期，第 62–63 页。

及中国潮汕地区的风俗习惯，也现场考了考同学们。第六小队展示了他们中秋主题的水果拼盘制作，美观大方。最后在班主任李老师的主持下，各组经共同讨论选出了两个奖项，一个是最受欢迎节目奖，一个是最佳聆听小队奖。教师作了简单点评，一场中秋班会就这样结束了。

评课环节，大家纷纷为李老师的努力点赞，表扬全班孩子都参与了中秋班会的筹备过程，覆盖面很大。但是大家也有许多疑惑，这是一个中秋活动，但又感觉似乎缺少了一点节日味道。到底缺少了什么味道呢？大家也都说不清楚，李老师自己也不清楚，还非常委屈，自己花了那么多时间来准备，竟然被评价为没有味道，她很想问一问节日尤其是传统节日应该是什么味道。

我们看过许多类似的班会，为了应节，许多老师与同学们绞尽脑汁，一起凑齐了一台节目，把有关节日的各种知识都呈现出来，类似于水果拼盘一样，看起来很好看。但是真正品尝下去，却发现味道不怎么样，甚至有些怪怪的。在这个过程中，同学们也多少有了一些新的认识，但是这些认识是零散的，是肤浅的。这是一种把传统节日课程化的思路，目前比较流行，但是可能存在两个问题。

一是重知识，轻情感。这个活动鼓励同学们前期参与，的确丰富了孩子们对中秋的认识。但是节日教育不应该只是有关节庆知识和节日风俗的教育，这样的知识教育任务完全可以在"道德与法治"等课堂上完成。节日教育应该是一种情感教育，应围绕节日开展相关活动，促进人们沟通与交流，引发和增强相互之间的美好情感。从这个意义上说，李老师的班会是有欠缺的，我们没有在这个活动中看到明显的同学情、师生情等，这些情感没有得到明显的丰富。

二是重课堂，轻生活。在我看来，这节班会更像课堂教学，老师搭建了平台，让同学们以中秋为主题进行自我学习、相互学习，这更像是一节综合实践活动课的展示与汇报。但是过节是一种生活，其目的也是为了给平淡的校园生活、班级生活添彩，是让孩子们有更多美好回忆的。中秋佳节，完全可以让同学们过一种团圆式的生活，如一起做月饼，一起吃月饼，一起分享月饼，这样生活气息似乎更浓一些。它并不一定会让学生学到多少知识，但一定会增进班级同学之间的感情。

从这个意义上说，传统节日需要让孩子们认识有关习俗和知识，但这不应是全部，更重要的是在这个基础上，让孩子们一起过一种不同于往日的生活，放松身心、娱乐精神、丰富回忆。

二、要增加习俗味道

光明区实验学校的洪莉老师带一个二年级的班级，2017 年春季开学当天，刚好是元宵节，她从班级建设和学生实际出发，经与学生们商量讨论，确定了组织班级"闹元宵"活动的想法。

案 例　　　　　　　　　　**班级闹元宵**

利用寒假时间，同学们报名和排练了相关节目，没有节目的同学则忙着准备布置教室。孩子们把春节用过的红包做成了各式各样的灯笼，还精心准备了灯谜，悬挂在灯笼下方。除了灯笼，有的学生还用红纸写对联，一笔一画格外用心，还有的学生用红包的纸皮剪出了漂亮的窗花，也是别出心裁。

终于盼来了当天的活动，活动还特别邀请了家长参与。孩子们的节目很丰富，有唱歌，有跳舞，还有小游戏，虽然不尽完美，但赢得了全体同学与家长的热烈掌声。孩子们的灯谜也备受欢迎，大家时而微皱眉头，冥思苦想，时而灵感涌来，得意大笑，享受着猜谜的独特快乐。当然，孩子们最期待的是包汤圆。

根据教室场地实际，孩子们按小队围成一桌。每个小队都分配了工具（锅、盘子、一次性手套）和材料（糯米粉、温水、糖、芝麻和花生碎），还有一两个会包汤圆的家长作为技术指导。家长首先讲解和演示如何包汤圆，大部分孩子能认真观看。但也有些孩子觉得简单，并不投入。所以在真正动手的时候就遇到了较多困难，有的因为馅儿太多了没法包，有的因为没掌握技巧面皮抓不起来，有的因为面皮不均匀露馅了，有的汤圆形状怪异很不美观，总之，状况百出，让孩子们认识到包汤圆的难处。

接下来他们努力学习，认真模仿家长讲解的动作，并互相提醒和学习。慢慢地技术娴熟了，包的汤圆也像模像样了，虽然每个汤圆大大小小不统一，但学生们看着自己的作品非常骄傲和自豪，感觉自己又学会了一项技能，不停地向老师展示手中的汤圆，并兴奋地说："老师，我学会了！"还迫不及待地催促家长们烧水煮汤圆，想着快一点尝尝自己做的汤圆……

吃着自己做的汤圆，孩子们脸上洋溢着满足感，"超级好吃，比超市的都好吃！"

这样的元宵节是值得孩子们记忆的，它既为春节、寒假画上圆满的句号，又开启了美好的新学期，让孩子们顺利进入学习状态。

这个活动给我们的启发，就是要在传统节日活动中，增加习俗味道。传统节日由来已久，它们形成了一系列独特的民族风俗及活动，这些习俗是人们珍贵的记忆，已经成为传统民族节日的标识，这也是它们能够代代相传的原因之一。因此，要做好两个方面。

一要注重传承。习俗是我们过好传统节日的重要载体，我们今天许多节日活动，不是没有这些习俗，而是比较淡、比较散。随着现代生活的丰富，许多节日习俗似乎变成了某种象征，人们蜻蜓点水般地过一过，没有过出味道来。因此，我们建议习俗少一点、精一点，但要深一点，让人们的感受浓烈一点。我们梳理了一下不同传统节日的习俗。

表 5　传统节日习俗及活动

节　日	节日习俗	班级拓展活动
中秋节	吃月饼，猜灯谜	发祝福短信，了解传统月饼及其制作方法，赏月
端午节	吃粽子，划龙舟	包糯米粽子，做纸板龙舟，赛旱地龙舟等
清明节	祭祖先，放风筝	倡议文明祭扫，组织去烈士陵园扫墓，举行风筝彩绘大赛

节　日	节日习俗	班级拓展活动
元宵节	吃汤圆，闹花灯	猜灯谜，包汤圆，传唱新年歌曲，举办创意市集
重阳节	登高山，敬老人	征集敬老金点子，采访爷爷奶奶的往事
冬至	吃饺子，送温暖	做橘灯，包饺子，关心身边需要帮助的人
春节	贴对联，拜大年	写春联，道祝福，做年夜饭，组织网络春晚

二要加强改造。一些习俗原本是为成人准备的，不一定适合学校和儿童，比如赛龙舟，这时我们就可以变化为"赛旱地龙舟"，可以由两根棍子代替龙舟，每人同时抓住左右两根棍子往前跑，锻炼和考验参与者的合作能力，也提高参与的趣味性。与此相适应，还可以对节庆活动的环境进行改造，如在春节到来时在教室里贴上对联，在中秋到来时在教室里挂上灯笼，相信一定会很有意思。

三、要凸显主题味道

在长期的教育过程中，许多先行者已经挖掘和梳理了各类传统节日的教育主题，我们完全可以进行借鉴和吸收。一般而言，中秋节主题是团圆，端午节主题是健康，清明节主题是缅怀，元宵节主题是热闹欢庆，重阳节主题是敬老，冬至主题是传递温暖、向往光明，春节主题是欢庆祥和、对未来充满希望。班主任老师要有强烈的主题意识，能够从不同方面，结合不同年段，挖掘教育主题，并能找到相关载体进行呈现。

一是合理诠释，突出主题引领。

主题味与习俗味不同，它更多体现出教育意蕴，体现出我们对节日开发的教育方向与目标，这与我们教育者的价值观有关。同样一个节日，不同的教育者可能有不同的解读，有人会强调节日的规范价值，有人会强调节日的教育功能；有人会突出节日的学习促进性，有人则会突出节日的文化传承性。因此，教育者要不断反思自己的教育理念，拓宽教育视界，提升教育品质。

案 例	温暖过冬至

　　光明区玉律小学的徐苗佳老师带的五年级班级班名为萤火虫，意为"点亮自己温暖别人"。他们抓住冬至这个契机，用自己劳动所得的收入自行购置了材料，在家长的带领下，利用学校食堂等场地邀请了一批特殊的客人来与他们共度冬至，这些客人是学校的保安叔叔、保洁阿姨。

　　第一次包汤圆，孩子们个个都感到很新鲜。在家长们的指导下，他们很快就掌握了技巧，包得有模有样的。包好了汤圆，孩子们把叔叔阿姨们邀请到"温暖冬至"活动现场。趁着煮汤圆的间隙，孩子们还给客人们准备了吉他和舞蹈表演，现场掌声迭起。

　　汤圆煮好了，孩子们双手端给叔叔阿姨，恭恭敬敬的，很有礼貌。阿姨们笑得合不拢嘴，对孩子们给予了高度的评价。孩子们还热情地和客人们聊天，了解他们的生活，感谢他们平时辛苦的付出，真诚的关怀让有些阿姨感动得流下了泪水。

　　活动结束后，班主任又组织召开了一次主题班会，让孩子们说说感受。孩子们的感触很深，有人说："今天第一次和叔叔阿姨面对面交流，我才知道他们的工作时间那么长，真是辛苦。"有人说："阿姨们工作那么辛苦，我们以后要讲卫生，不要乱丢垃圾给阿姨们增加负担。"

　　这次冬至活动必然是难忘的。因为徐老师为"吃汤圆过冬至"这个平凡的活动赋予了不平凡的内涵，激发了孩子们内心的善良，起到了很好的自我教育效果。

　　二是适度延伸，深化主题内涵。

　　传统节日教育主题离不开三个维度，即国、家、人。从国的意义上来说，它呈现了爱国主义的精神内核。从家的意义上来说，传统节日往往和家人一起过，起到了凝聚家庭成员的作用。从人的意义上来说，传统节日关怀人的生命存在和生命成长，希望人的生命在物质、情感与精神层面都能放出更大的光芒。具体到小学生节日教育，我们认为"人"的主题更基础、更直接。只有把"人"的主题做透了，贴近人，关怀人，才能真正实现对家和国的自觉。这方面华德福教育给了我们较好的启示，大连华福小学在冬至这天，在传统的包饺子、聚餐、表演节目等活动外，还有一个保留节目——深冬花园。夕阳西下，夜幕降临，莱雅琴琴声悠扬，空气中弥漫着宁静、美好、敬畏的气氛。孩子们要在这里，体验从黑暗到光明的过程。老师们和家长提前布置好螺旋形的灯座，待天黑下来后，由老师或家长扮演的天使带领着孩子们一个接着一个穿过黑暗，依次找到自己的灯座，点亮属于自己的苹果灯。最后所有苹果灯都点亮后，就形成了螺旋形的灯线图案，非常漂亮，也非常震撼。除了传递温暖外，仪式还强化了"向往光明"的意蕴。

| 案 例 | 华德福的深冬花园 |

对于小孩子，如果你告诉他要乐观，要对未来充满希望，相信前途是光明的，他一定听不懂，也不会因为你说就相信。平时孩子们会通过故事人物一点一点地感受，慢慢在心中形成图景，故事里蕴含的意义也一点一点地渗入孩子的心灵里。这就仿佛装入了初始程序，之后会在孩子未来的生命里运行。

走螺旋，开始要面对的是黑黑的长长的螺旋，没光亮。经过孩子们一个一个亲手点亮苹果灯，黑黑的螺旋一点一点明亮起来，预示着黑暗终会过去，光明一定会来临。因为冬至这一天也是黑夜最长的一天，未来白天会越来越长，在这个时间点上，孩子的这样一种体验（也许在成人看来，仅是一种游戏一样）胜过你任何语言的教育，它会无形中融入孩子的生命中。在未来成长时，在遇到困难挫折时，这种曾经的感受会慢慢苏醒，带给他们无限力量，使他们充满自信和勇气。这秘密发生在他们生命里，虽然我们今天无法看见，但我们可以相信一定有什么在发生。

看着孩子们一个一个虔敬地手捧蜡烛走入螺旋，突然感觉这就是每个孩子未来要面对的长长一生，必须独自去面对。有谨慎，有犹豫，有害怕，有恐惧，有喜悦，无论怎样都需要一份勇气独自行走。[1]

细细研读这个案例，你会发现，它的思维方式是不同的，有明确的教育目的，但是教育手段却很隐蔽，不是灌输，不是宣教，更多的是一种情境式的体验，具有综合效应。因此，班主任要在价值提升的意义上开展活动，引导同学们在有意义的背景下，开展有意思的节日活动，相信会更加激发同学们的活动参与热情。

四、要多点创新味道

当前，传统节日及其教育活动有一些困境。一方面是传统节日的困境，传统节日与"洋节"此消彼长，在中国是一个热议的话题，有人拿春节与圣诞节来比较，也有人拿七夕与情人节来比较，认为中国传统节日是建立在农业社会以家庭为基本单位的社会结构背景下的产物，它起到了很好的稳定社会的作用，但不适应当代社会快速发展的大环境。另一方面是传统节日教育活动的困境。孩子们对传统节日的兴趣，随着年龄的增加有逐渐降低的趋势，孩子们反映一些节日形式空洞单调，吸引力不足。怎么办呢？对此，我想很重要的一点，就是要在传承的基础上，努力有所创新。

案 例　　　　　　　　班级"网络春晚"

光明区实验学校的李远城老师重视节日活动育人价值的开发，先后组织了清明、中秋、重阳等活动，但对于春节，一直没有找到恰当的活动方式。主要问题在于春节正值寒假，深圳学生返乡过年的比较多，无法集中学生开展活动。一次偶然的机会，她看到了"网络春晚"这个词，灵光一闪，于是以春节为契机，鼓励孩子们以网络为载体，自办一场线上春节联欢晚会。经

---

[1] 《点亮灯火，走向光明——记华福小学 2018 年冬至庆典》："大连华福"公众号，2019-01-31。

过不断努力，2019 年 2 月 3 日下午，二（3）班首届班级"网络春晚"终于拉开了帷幕。

当天下午，大家在祖国的四面八方，通过班级微信群，在主持人的串联下，轮流有序地展示了自己的表演视频。有孩子表演了二胡独奏《喜洋洋》，有孩子带来了二胡串烧《新年好，让我们荡起双桨，太湖美》，有孩子带来了古筝《浏阳河》，还有二胡独奏《山清水秀好风光》、架子鼓《龙的传人》、独唱《欢喜中国年》、口风琴《小星星》、电子琴弹奏《新年好》、舞蹈《走在山水间》等 11 个节目。每一个节目，都得到了群内观众的热情点赞，家长们还通过微信群、朋友圈进行转发，获得了广泛赞誉。大家纷纷表扬孩子们节目好、形象佳，表扬老师创意好、形式新，让参与节目的师生们非常受鼓舞。大家相互祝贺，表达感谢，为新年营造了良好的氛围。

李老师的春节活动很独特，很新颖，效果也很好。这启发我们中小学传统节日教育要结合实际，大胆创新。具体来说，可以从三个方面进行。

一是借鉴外来节日。有人提出中国传统节日要吸收西方节日的先进元素，包括简单、公开、开放、情感浓烈等特点，重建我们的传统节日。如这台网络春晚就好像一个聚会，让个人、家庭的节日变成了集体、社会的节日，开放性很强，让人耳目一新。

二是利用信息技术。作为年轻的一代，10 后的小学生们真不是不喜欢春节等传统节日，而是不喜欢传统节日的某些形式与特点，因此需要在传承习俗与文化的同时，赋予传统节日一些新样态、新元素，通过线下与线上相结合的方式，搭建一个网络交流平台，让传统节日受到更多年轻学生的喜欢。

三是结合社区环境。除了线上的形式，我们更提倡在现实中的具体交往。考虑到学校、班级总是在具体的社区之中，因此要引导学生走出家门，利用独特的社区地理、文化条件开展节日活动。譬如大理毓英新教育社区是一所创新型的学习社区，他们的小学部曾经结合中秋节创造性地做了一些活动，利用临近洱海的先天自然条件，组织家长与学生开展了别具一格的中秋庆典。庆典上，每人提着自己亲手做的灯笼来到操场，在熊熊燃烧的篝火旁边，大家举行拜月仪式，表演节目，品尝月饼，齐齐随着音乐跳篝火舞，甚至还借来了天文望远镜，让孩子们观察月亮。最后鼓励有意愿的家长与孩子们露营，让孩子们在月亮、星星底下入眠，度过了一个十分难忘的中秋节，其思路值得借鉴。

另外值得指出的是，强调传统节日，还应特别注意传统节气，应鼓励班级围绕二十四节气开展相关主题活动，形成独特的节气生活。叶澜教授曾说："无论从自然变化、万物生长的节律，还是从继承传统的维度，节气都应该且可能成为整合学校综合活动最为适宜的系统框架。"[①] 她领导的"新基础教育"团队，在节气生活建设方面作出了很好的探索，先后以"春生""夏长""秋实""冬藏"为主题，构建了学校四季活动系列，将各种自然节气与学校生活、班级生活进行了勾联，从而让学生生命成长更富有节律感，更加突出了教育的诗意。

---

① 叶澜：《变革中生成：叶澜教育报告集》，中国人民大学出版社 2019 年版，第 259 页。

第二节　让现代节日纪念日促进生命反思

一、现代节日纪念日为何容易流于形式？

现代节日纪念日，与传统节日的自然形成不同，是凭借国家政策的规定得以确立的特殊日子，主要包括三种：一是与人有关，即为社会中的特殊群体如职业群体、年龄群体、性别群体等设置的节日，如劳动节、护士节等。二是与事有关，即为了不忘却重大历史事件的发生而设置的纪念日，如国庆节、建军节等。三是其他主题纪念日，与现代人的生活方式等主题有关，如植树节等。

总体上看，它们的设置体现了现代国家的价值取向，具有重要的认同价值、情感价值和导向作用。然而这些节日的重要意义似乎尚未引起民众的普遍关注，在生活中一般也没有发展出具有特色的习俗活动。这些节日更像一个个具有专名却纳物未多的空洞的时间容器，即便国庆节这样重大的节日亦未能摆脱这种境遇，其活动不免单调，或者流于形式。[①] 与此相应，一些中小学相关主题班会的教育效果也不明显。下面是一份国庆主题的班会设计。

> **案　例**　　　　**爱祖国、爱家乡、爱学校**

一、主持人导入

同学们，我们都是华夏儿女、龙的传人，我们都有一颗中国心。现在，

---

① 张勃：《建构时代的中国节日建设》，《民俗研究》2015 年第 1 期，第 62-73 页。

我们一起来唱一曲《我的中国心》。

《我的中国心》不但唱出了港澳台同胞及海外侨胞的爱国之情，而且唱出了全中国人民的爱国爱家乡之心，表达了中国人民对祖国母亲的深深眷恋。

我宣布：六（1）班"爱祖国、爱家乡、爱学校"主题班会现在开始。

二、爱祖国教育

班主任讲述爱国、爱家乡理念。讲述最近发生的国家大事，如钓鱼岛事件。要让学生理解欣赏爱国的情感，学会从我做起，从身边的小事做起，来体现"爱祖国、爱人民"，帮助国家繁荣发展，从而达到爱国的目的。

三、爱家乡教育

请同学们来说说自己所知道的一些家乡的风景名胜、自然资源以及家乡物产等，感受家乡的富饶、美丽，并为之自豪。（学生自由发言）

四、爱学校教育

作为学生的我们要做到爱家乡、爱祖国，首先要做到爱自己的学校。更重要的是要好好学习，养成一些良好的学习、生活习惯。一个连自己的学校都不爱的学生，又怎么可能爱自己的国家呢？那我们应该从哪些方面来体现出我们爱学校、爱家乡、爱祖国的情感呢？（学生分组讨论，指定发言）

①热爱我们的学校，感谢学校为我们提供良好的学习环境，我们要以优异的成绩回报。

②爱惜班级、学校的公共财产。爱护学校的花草树木。维护校园环境的清洁。

③遵守学校的校纪校规，尊敬师长、维护班级和学校的集体荣誉。与同学团结友爱，使用文明礼貌用语。日常生活中节约用水、用电等。

五、班主任总结

（略。）

这是一份非常常见的国庆主题班会的活动设计，其立意没有问题，符合社会主义核心价值观的要求，是必要的，但问题是，短短的40分钟，能够容纳这样三个相对宏大的主题吗？除去前言、结语，平均每个主题 10 分钟，孩子们真的能够对此有新的认识，表现出新的情感，做出新的行动吗？如果不能，是否有一点蜻蜓点水、浅尝辄止的味道呢？因此在具体实施过程中，常见现代节日纪念日教育可能有两个问题。

一是重主题，轻课题。以国庆节为例，爱国主义教育是一个宏大而抽象的主题，如果仅仅就爱国而谈爱国，显然对于小学生而言是不切实际的。需要思考的是，如何以爱国作为大背景，选择符合小学生年龄特点、身心发展需要的内容，以此为具体课题来组织活动，才有可能激发孩子们的思维与情感，使其真正进入积极参与的状态。

二是重形式，轻内容。与上述特点有关，这类节日多带有政治性，是自上而下的，许多学校并未真正认识到它的重要性与必要性，于是更多采取应付的姿态，在形式上完成即可，评价方面更多地重视数量，而不是质量。于是各校各班开展活动时，就特别会考虑有没有标语、横幅，有没有可以宣传的影像，这都是政治性、宣传性的做法。至于在这些活动中，学生作为参与者是否有新的认识、新的发展，好像并不是组织者重点考虑的，这种做法长此以往，会形成不良影响。

因此，加强现代节日纪念日教育，可能要加强三个方面，即要在教育针对性、实践体验性、专业支持性三个方面下功夫，真正提升教育效果，形成有意义的现代节日生活。

二、要增强教育针对性

光明区玉律小学的徐苗佳老师带了一个四年级的班级，她发现孩子们进入中高年级以后，有一个明显的现象，那就是大手大脚花钱的现象越来越严重了。特别是一些家庭条件好了，往往给孩子较多零花钱，孩子们拿着这些零花钱不会正确使用，出现了许多浪费现象，还经常购买一些假冒伪劣产品，让自己和同学们的身心健康受到了损害。于是徐老师借"3·15"消费者权益保护日的契机，在班级开展了一次有意义的主题系列活动。

　　　　　　　　　　　　　我是聪明的消费者

　　"3·15"前夕，徐老师组织同学们开展调查、观察、访谈，了解零花钱的使用情况。经过大家一段时间的集中反馈与讨论，发现问题还不少。一是零花钱的数量与来源。被调查的同学中每天少则三到五元，多则上百元，78%是来自家长，13%是亲戚给的，还有9%是其他来源。二是零花钱的用途。45%用于购买文具和书本，35%用于购买零食，20%用于购买玩具或其他。三是零花钱的使用地方，60%是在学校周边的小店，30%是在商场等正规场所，还有10%用于其他场所。

　　"3·15"当天，徐老师组织了主题班会，展示了许多孩子在校门口小店购买零食的图片，当问到这些零食的商标和出处时，大部分同学是说不出来的，甚至还有同学抱怨有些零食过期了，会让同学们拉肚子。当老师问有没有索要发票、电子小票等习惯时，绝大部分同学表示没有。于是她因势利导，介绍了"3·15"的来历，还出示了《消费者权益保护法》等相关条例，列举了一些消费者上当受骗的案例，包括一些未成年学生落入消费陷阱的真实事件，提醒同学们与家人要学会合理消费，不要盲目从众以免上当受骗。最后徐老师还提供了12315等投诉电话，鼓励同学们善于使用法律武器保护自己，争当聪明的消费者。

　　"3·15"之后，徐老师在这个"我会花钱"的基础上，继续组织了"我会挣钱""我会理财"等活动，包括在校园、社区开展义卖等活动，不断深化了"我是聪明的消费者"主题。后来徐老师还与同学们连续做了三年有关消费的主题活动，形成了财商教育品牌，孩子们的财经素养得到了明显提升，相关活动被报刊公开报道，徐老师还成为《辅导员》杂志的封面人物。

　　这个"3·15"活动系列，给我们的启发就是，班主任老师要有一双慧眼。现代节日、纪念日为数众多，各有各的教育主题，应该说都非常有价值，都很好地与社会主义核心价值观相吻合，但是不是应该全部拿来为班级所用？显然这是不切实际的。那么在班级生活中应选择哪些现代节日呢？这里就涉及标准问题，是唯上，还是生本？我们认为，应该遵循孩子们的成长需要与班级的实际问题，而不是简单地随大流或者按照上级要求来完成。班主任要善于发现班级存在的主要问题，将其转化为孩子们的成长需要，同时借用相应的节日契机，让学生真正参与到实践活动中去，并通过一定的方式方法，解决存在的问题，才会取得事半功倍的效果。

其实目前在中小学班级中，有些问题还是很紧迫的，只不过老师与学生并不十分留意，从我的经验来看，要特别注意两个问题。

一是校园欺凌问题比较突出。比如影片《少年的你》，就反映了校园欺凌的严重性，其实这个现象在小学阶段同样存在。加拿大首先将 2 月 27 日定为 Pink Shirt Day，即粉红色衬衫日，又称反校园欺凌日。我们也可以利用这个日子组织班级相关活动，加强学生们对 anti-bullying（反对欺凌）的认识。

二是儿童健康意识还不够强。有段时间某学校接连发生了几起学生非正常伤害事件，其中一起就是孩子哮喘发作未及时抢救引起的。这提醒我们要加强对儿童身心健康教育的重视，要充分利用有关健康的节日纪念日，如全国爱耳日、世界睡眠日、中国学生营养日、世界爱眼日等，强化孩子的健康意识，使其真正关心自己的健康成长。

但是值得提醒的是，这些活动应以正面引导为主。要考虑到孩子容易模仿的特点，一些过于负面的画面和方法，要注意加工处理，甚至删除。而对一些同学的负面经验，班主任要注意保护隐私，减少不必要的伤害。

三、要丰富实践体验性

毋庸讳言，我国中小学长期以来重课堂教学，轻实践教育。2014 年，《教育部关于全面深化课程改革　落实立德树人根本任务的意见》更是直接指出，学生的社会责任感、创新意识和实践能力较为薄弱，与立德树人的要求还存在一定的差距。具体到节日教育，这种倾向也比较明显。如何改变呢？

案 例	五一劳动大比拼

　　光明区实验学校的卓苑芳老师，曾经多次开展过有关五一的主题班会，介绍先进人物，倡导劳动光荣，效果不理想。于是在三年级时，她与学生结合实际，决定进行一次劳动大比拼的实践活动。

　　比拼什么呢？主题确定后，全班一起交流劳动大比拼的内容，结合学校劳动教育要求和本班特点，决定分为必做和选做两部分，必做内容为叠校服，这是学校对三年级学生的要求。另外，根据同学们的意愿，选做项目分为四类，包括整理、清洁、烹饪和其他。

　　怎么比拼呢？大家商议后，决定分为小组 PK 和班级展示。小组 PK 环节，每位组员被要求在群中打卡，分享在家劳动的过程，然后进行评比展示。一个星期后，各小组投票选出两名叠校服小能手，还选出整理小能手、清洁小能手、烹饪小能手等各一名，分别代表本组在评选展示会上演示交流。现场展示环节，首先由四个小组的代表上台展示叠校服，分享叠校服技巧和心得，接着由各小组派代表上台展示选做项目，争评"心灵手巧我最行"小能手或"妙招连连大智慧"小能手。"心灵手巧我最行"小能手要求心思灵敏、手艺巧妙，"妙招连连大智慧"小能手要求方法巧妙、事半功倍。评委为本班四名家长代表，超过一半评委同意则可获得通过。

　　效果如何呢？经过前期的努力，上台的同学都表现得非常出色，都是全票通过，不仅仅获得了家长们对他们的肯定和鼓励，更重要的是他们自己有了真正的自信，也给其他同学作出了很好的榜样。最后班主任老师进行点评，鼓励大家劳动不是一朝一夕的事，应该持之以恒。

　　卓老师的活动，很好地诠释了五一劳动节的本意，在丰富有趣的实践活动中，培养了孩子们热爱劳动的意识和素养，对节日生活本身也是很好的补充，体现了现代节日纪念日的实践性。实践性，是指在现代节日纪念日教育中，避免过多的理念和价值教育，提倡化大为小，将大的理念教育化为具体的实践活动体验，从而增强学生爱国爱家爱生活的情感。

一是创新活动形式。根据孩子们的年龄特点，增强活动的趣味性、多样性，吸引学生参与。趣味性，就是要让学生喜欢这些活动，按照儿童追求新颖、时尚等特点，引入活动竞赛等形式，调动学生参与的积极性。多样性，就是要丰富学生的可选择空间，鼓励以现场参观、公益劳动等方式开展活动，让学生有更多的活动选择。

二是加强过程反思。就是要注重过程价值，既要加强任务驱动，又要组织反思研究。任务驱动，就是要反对单纯的知识灌输，反对单纯的课堂教学，因为这只是单方面的参与，甚至是假参与。我们提倡在实践中教育、在生活中教育，则是以具体活动任务为抓手，促使同学们动口、动脚，还要动手、动脑、动情、动心，实现综合素养的提升。反思研究，就是要重视实践活动中的各个节点，并组织主题选择会、方案策划会、问题解决会、总结分享会等，对活动进行全过程、全方位的反思，有利于学生强化体验，并形成新的认识，得到新的提高。

关于实践，叶澜教授曾经非常动情地说道："在我的教育学研究生涯中，最能打动我的两个字是'生命'，最让我感到力量的词是'实践'。教育学说到底是研究造就人生命自觉的教育实践的学问。"① 因此，无论在现代节日教育中，还是在其他日常教育中，学生的主体实践永远应放在第一位。这也是我们在开展班级生活育人工作中，始终坚持的一条主线。

四、要体现专业支持性

近年来，垃圾分类在中国，是个热词，从 2019 年 7 月 1 日起，上海垃圾分类通过立法被强制推行，据说"垃圾分类"把精明的上海人给逼疯了。其实不只是上海，深圳也紧随其后，把垃圾分类做得轰轰烈烈，学校也不能置身事外。

---

① 叶澜：《变革中生成：叶澜教育报告集》，中国人民大学出版社 2019 年版，第 246 页。

垃圾分类，科普先行

光明区外国语学校的刘老师按学校要求开了"垃圾分类我能行"的主题班会。班会上，学生们对一些垃圾分类的方法和要求存在疑问，现场提问老师，刘老师也无法准确说清楚，因为在垃圾分类上，他自己与学生差不多，都是刚刚起步的小白，这样的班级教育效果可想而知。

6月5日"世界地球日"前夕，他偶然知道光明区有一个垃圾分类科普示范站，而且可以预约参观，于是带着忐忑联系上了科普站，没想到对方表示极其欢迎。经学校同意，他与家长们一起组织班级学生走进了有点神秘的科普站。孩子们都很惊奇，原本以为垃圾处理站是又臭又脏的，没想到这里竟然窗明几净。工作人员笑容满面，介绍垃圾分类的流程和技术，引导参观垃圾分类科普教育基地，先观摩有害垃圾、玻金塑纸、废旧织物暂存区，再观看大件垃圾、绿化垃圾、果蔬垃圾处理区，让同学们真正见识了垃圾变废为宝的全过程。特别是当孩子们看见垃圾经过回收再制成的精美礼物时，竟然禁不住欢呼起来，真是太神奇了。

最后在工作人员的引导下，全体师生还以小组的方式，现场体验了垃圾分类游戏，在趣味游戏和互动提问中，大家懂得了垃圾具体分类的方法。后来，在学校有关垃圾分类的常规评比和专题竞赛中，这个班级都表现得十分突出，孩子们态度非常自觉，而且水平很高。

我相信许多老师都开展过有关环境保护、垃圾分类的主题班会，也借用过许多触目惊心的图片与素材，但效果不一定好。刘老师这次活动与众不同，主要奥秘可能就在于他借用了专业机构的力量，提供了强大的专业支持，让孩子们收获满满。这启发我们要跳出原来的思维局限，以更加专业的眼光来对待相应的节日主题活动。

一是为学生提供专业支持。小学生喜欢活动只是基础，但并不一定能够自发做成活动，这是由他们的年段特点与实际能力所决定的。因此班级活动开展需要提供尽可能多的资源支持，包括人员支持、物质支持。班主任老师往往受学科限制，不可能面面俱到，什么都懂，这时候可联系更多的专业人士，求得更多的专家帮助，让学生在活动时获得更多的有力支持。其实，随着社会的迅速发展，这样的专家资源、场馆资源很多，也很方便得到，而且许多时候都是免费的。具体包括公开性场所，如图书馆、博物馆、美术馆等，这些场所长年开放，几乎对学生没有限制；开放日活动，如深圳警察开放日就非常火爆，让许多自小对军人、警察等职业有感情的小朋友、大朋友非常惊喜；专业会展活动，如深圳国际会展中心、深圳会展中心等，经常会举办一些专业展览，这也是我们组织学生参与的好机会。

二是为教师提供专业支持。学生是活动的主体，教师是学生活动的指导者，但有时候教师可能"身在此山中"，自己对问题容易漠视，有认识或能力上的盲区。这就需要开展专业研讨，邀请专家与同行一起观摩、把脉、提建议，其实就是要开展班级活动的专业教研。本书中的案例大多是区级教研活动的对象与结果，所以我们深感受益。现代节日纪念日活动相对较多，我建议大家可以像做学科教研一样，积极向外界开放。

另外，现代节日纪念日中许多是世界性节日，如元旦、劳动节等不但在中国有，而且在全球都会有相应的庆祝活动。我们有必要拓宽眼界，了解世界范围内的主题教育形式及成功经验，相信对我们专业性的提升会大有益处。

第三节　让校园节会引领共同成长

一、校园节会非要以输赢为标准吗？

校园节会，顾名思义，就是以学校为主体举办的类似节庆性的主题活动，主要包括常见的体育节、艺术节、读书节、科技节等传统活动，还有一些类似校庆日的其他自定节日。作为学校的基本单位，班级必然要参与到校园节会中来，但以何种姿态进入却是一个问题。

> **案　例**　　　　　**输了球的男生与赢了球的女生**

这是况老师的一个班会活动现场，在学校体育节的篮球班级联赛中，五（2）班的男生在五场比赛中连输四场，排年级最后一名，而女生则在五场比赛中连赢四场，排年级第一名，于是一次篮球赛总结会在这样的背景下开始了。

经过主持人的简单介绍，班会便进入了核心主题：男生球员上台讲述本次失利的原因。全班男生分成几组，分别展示了本组男生失利的原因，有男生个子不高、身材不壮、技术不好的原因，有缺乏专业教练指导的原因，也有球员间配合不足、训练太少的原因，还有其他啦啦队员支持不足、说泄气话的原因。看着男生们一副垂头丧气的样子，老师邀请女生队出场，请女生队展示自己胜利的原因。与男生队相对应，女生们也用故事讲述、情景剧扮演等方式展现了自己的经验，如女生队员技术水平高、战术运用好、情报信息收集全、啦啦队员支持力度大等。女生们在台上的表现分外抢眼，完全是胜利者的姿态。一边是垂头丧气，一边是昂首挺胸，形成了鲜明的对比，而且这不单是男生队员女生队员的对比，更变成全班男生女生的对比，很显然男生矮人一截，所以在班会现场，竟然有男生脱口而出"我们班的女生就是比男生强"。

尽管班主任最后试图打气鼓励男生，但效果并不好，班级男生中弥漫着一种消极的气氛。

看到这个情景，我不禁联想到孙云晓的一本书叫《拯救男孩》，但现实情况比书中似乎更残酷。男生不但在学习成绩上弱于女生，而且在本应胜出的优势项目——体育上，也面上无光。原因是什么呢？并不完全是男生自身的问题，很有可能是教育者的活动设计和组织有偏差。这也反映了目前校园节会活动的一些普遍问题，因为有多个班级参与，必然会有竞争，而在这一背景下，老师们往往未能处理好两种关系。

一是成功与成长的关系。成功是当前教育的主题词，考出高分、比出成绩都理所当然地被老师们当作教育目标，甚至是主要目标。在校园节会中，包括各类专业比赛中必然会有输赢，赢家收获奖牌、鲜花、掌声与关注，输家则被忽视，甚至被责备，而他们本身的成长与努力似乎并不重要。就像本次班会中的男生，尽管他们身体、技术不如人，但他们依然努力，然而没有人关注，这是当前节会中很普遍的现象。

二是精英与全体的关系。不难看出，这次班会的主角只是队员，其他同学只是陪衬。然而既然是校园节会，就应该树立全纳意识，要创造条件，让更多的成员参与其中，要看到更多学生的贡献与成长。校园节会的主体是全体同学，而不是少数精英，否则就会出现少数替代全体的反教育现象。

因此，对于有关校园节会的主题教育，我们认为要做好三个方面：一要明晰成长目标，二要鼓励正当竞争，三要引领全员参与。

二、要明晰成长目标

校园节会周期往往比较长，内容比较杂，许多班主任对此比较头疼。一些班主任怕麻烦，只给学生提名次任务，要求某个特定结果，然后对过程不管不顾，这其实是不负责任的态度。我们认为要较好把握校园节会，需要拎清主线，以目标为导向，有条不紊地推进活动育人。

1. 做好顶层设计，把握目标定位

校园节会是学校为了丰富校园生活、提升学生某些关键素养而开展的群众性活动。活动与竞赛只是一个载体，是帮助学生成长的辅助工具。我们需要分析校园节会的素养教育目标，将目标定位于成长与发展，而不是具体名次或荣誉。班主任老师要有教育眼光和教育意识，要意识到运动会不只是运动比赛，艺术节也不只是艺术展演，它们都是学生成长的载体，更重要的是通过这些载体促进学生实践、学习、研究和交往，促进学生全面发展。

案　例	小义卖，大交往

同样是一个校园"淘宝节"，许多班级只是形式性地组织同学们带一些旧物到学校去售卖，从表面看完成了学校的任务，但实际上对孩子们的发展起不到什么作用。光明区光明小学的林小燕老师，敏感地抓住了"淘宝节"的契机，结合三年级本班同学胆小的特点，明确了"小义卖，大交往"的活动目标定位，然后通过五个阶段不断深入，一步一步地将义卖活动做成功。在调研阶段，她鼓励孩子们在校内发放问卷，了解校内师生对蛋糕的需求；在筹备阶段，她鼓励学生通过家务劳动和义卖等活动去筹措资金；在练习阶段，她借助社区工作站的场所，让有经验的家长教学生制作蛋糕；在宣传阶段，她让专业的美术老师教学生进行广告制作；最后在售卖阶段，她鼓励孩子们以固定摊位加流动摊位等方式，积极参与义卖过程，一共卖出了 800 个蛋糕。这次义卖活动，不但创收颇丰，更重要的是在此过程中，推动学生发

展了各种交往关系，提升了孩子们的综合素养和自信心。

表6　不同阶段的主题活动及其关系交往

阶　段	关系交往	主题活动
调研阶段	与校长、保安交往	发放调研问卷
筹备阶段	与社会人员、家长交往	鼓励做小报童
练习阶段	与社区工作站人员、家长交往	鼓励多次练习制作蛋糕
宣传阶段	与科任老师、广播站交往	鼓励制作海报、宣传广播
售卖阶段	与校内人员、家长交往	鼓励多种方式售卖

2. 结合具体实际，促进目标分解

目标定位是一个整体性的概念，相对笼统，而具体到不同学校、年级、班级，以及活动的不同阶段，可能更需要细致的目标分解，形成比较系统的目标体系。目标体系一方面是项目本身所具有的，另一方面是班主任根据班级实际所赋予的。如果组织者能够明晰活动目标的设置，对各年段的活动开展进行不同层次的安排，就会让大家有的放矢，将会在更大意义上发挥校园节会活动的价值。

光明区实验学校曾经根据班级与学生实际，围绕"儿童节"作过系统的安排，在学生发展的不同年段，设计了不同的阶段目标，从而为班主任老师开展教育提供了指南，也让孩子们能够在这个节日上常过常新，越来越有成就感。这种整体性思维方式，很有价值。

表7　"十分精彩"的儿童节

年级及主题	教育目标	学生活动设计
一年级 十分向往	从"我们"走向小队合作	开展以小队为单位的少先队队前团体游戏，为入队作准备。
二年级 十分好玩	从小队合作走向班集体建设	以十个中队为单位策划班级的游戏类游园活动，通过策划本次活动，提高各班凝聚力，学生形成从小队逐步过渡到中队的意识。

年级及主题	教育目标	学生活动设计
三年级 十分挑战	从班集体建设走向 跨班交往	以年级为单位开展挑战类游园活动，增强年级层面学生的互动，在活动中初步组成年级岗位组。
四年级 十分满意	从跨班交往走向非 正式群体的交往	各班以社团为单位开展超市活动，以十分满意的服务质量承担二至四年级的奖品兑换。以集赞的方式获得积分，并以积分的方式获得班级发展基金。
五年级 十分有才	从非正式群体交往 走向校级活动组织	让每位学生参与"十分有才"计划，整合其他班级、年级、学校的社团资源，在"明星闪亮"的舞台上展示自己的活动成果。
六年级 十分难忘	从校级活动组织走 向自我管理组织	各班学生联合策划年级活动，举行向童年告别party。通过定向运动，让每个孩子寻找十个童年印记，并以此向童年告别，走向青春。

三、要鼓励正当竞争

校园节会有一个很大的特点，就是竞争性强。我们要鼓励正当竞争，希望班主任要以校园节会的各类比赛为契机，引导全班同学献计献策，群策群力把比赛组织好，取得胜利，在这个过程中实现学生综合能力的提升。

案　例　　　　　　　　　　**一次足球赛的小结会**

我曾经在广东省佛山市南海区恒大小学听过一次"足球联赛中期总结会"，背景是四（5）班足球队在学校足球联赛第一阶段胜出，准备参加第二阶段比赛。班会的主要目的是梳理第一阶段比赛，总结经验，分析不足，同时有针对性地提出改进建议，为第二阶段比赛作好准备。

在总结环节，我看到了班级的集体凝聚力。全体同学都为这次比赛付出了努力，除了参赛队员，其他同学分别参与了宣传队、啦啦队、后勤队、统筹队、教练组等，大家用高昂的斗志、出众的智慧为参赛创造条件、提供支持，起到了很好的作用。大家在总结经验的同时，也指出了自己班级参赛的不足，如情报收集工作还不充分，啦啦队气势还不足，于是在班会现场大家便集中讨论并组建了新的部门——情报收集部。

在改进环节，我看到了班级的发展可能性。针对啦啦队气势不足问题，班级特别邀请了广州富力足球队的球迷会骨干——本班学生家长林先生到现场教授专业的球迷支持技术，包括口号标语、头饰、动作。只见他身穿蓝色的富力队服，脖子上披挂蓝色的队巾，耐心地教学生打节奏"2—3—4—口号"，具体就是两次鼓掌—三次鼓掌—四次鼓掌—"四五班，加油"，果然感觉很不一样。在专业啦啦队长的组织下，孩子们开始练习，速度越来越快，声音越来越激昂，情绪越来越饱满，效果也自然越来越好。现场每个人都不自主地身处其中，兴奋起来，连连感叹"原来连球迷都有专业和非专业之分"。

后期的结果我没有跟踪，但我知道这次活动是成功的，在班主任的精心组织下，孩子们、家长们形成了共同的目标追求，树立了努力拼搏不怕失败的精神，使之成为班级文化建设中非常重要的一部分，相信无论输赢，班级都会发展和进步。因此，班主任作为班级竞赛活动的"统帅"，要善于引导学生们从胜利走向更大的胜利。具体要做到两个方面。

一是注意竞赛策略。我们认为一个班级要想取得较好的成绩，离不开"天时""地利""人和"三方面策略。"天时"就是要学生分析宏观的需要，要从国家、地方及学校发展中寻找契机，提出与之匹配的理念和口号，正确的方向往往是成功的基础。"地利"就是要熟悉比赛的具体环境，尽量多地让师生对环境有一种亲切感，减少陌生感，能够应对一些突发情况，对比赛成绩起到保障作用。"人和"当然就是要调动全体师生的积极性，要善于鼓舞他们的信心与勇气，相信这是比赛成功的核心要素。

二是避免常见不足。在组织班级参与竞争的过程中，班主任要注重提升自己的实际指导能力，避免以下一些常见不足。首先是"纸上谈兵式的选拔"。一些班主任仅仅是凭借自身印象和学科教师的推荐来确定参赛人员，缺乏班级内部的竞争，往往不能真正把优秀选手选拔出来，当然也无法调动每个人的积极性。其次是"隔靴搔痒式的指导"。一些班主任习惯于提一些大的要求，如努力训练、不怕辛苦，缺乏针对性的细节指导，对训练效果缺乏跟踪，对学生的帮助有限。再次是"背道而驰式的指挥"。一些老师缺乏临场指挥技巧和能力，特别在一些突发情况下，会过多过严地批评学生，往往机智不够，起不到帮助和激励学生的作用，甚至有时会起相反的作用，影响学生情绪。

有人说班主任应该是一个多面手，这是有道理的。但如果老师的确不具备这样的素养，那也不要紧，可以像案例中那样，学会调动其他资源。要把全体同学、全体教师甚至全体家长调动起来，形成丰富的智力资源、物质资源，还有专业资源，并进行科学统筹、合理配置，相信一定会取得不错的成绩，也一定会极大助推班级凝聚力的形成，而且对于全体同学体力、智力、情绪力的发展具有很大的作用。

四、要引领全员参与

我们在前面提到要鼓励全体班级成员参与到校园节庆的相关活动中来，这是从保障的意义上来谈的，希望班级能在比赛中取得好成绩。除了这一层，我们更要鼓励全体班级成员真正去体验校园节庆的专题项目，成为主体，并在体验中获得成长。有些人会说，并不是所有人都有运动和艺术天分，那么怎样成为项目的参与者呢？这需要转换思维方式。

一方面，要内部挖潜。我们可以在现有项目方面想些办法，让更多同学在规则允许范围内参与体验，这就需要发挥示范者的作用，让示范者带动后进者共同参与。如在光明区实验学校艺术节上，学校要求每班出四个节目，经过初步报名，黄柳娟老师的五（3）班共有 16 名学生参与，这些孩子清一色的是班级甚至是学校的文艺骨干，常年活跃在舞台上。黄老师觉得参与面不够，应该体现全纳意识，于是要求每个节目扩容，在不影响节目质量的情况下，尽量多地招募其他同学参加。经过大家集思广益，原本的两人相声变成了群口相声，小组唱变成了歌伴舞，更有意思的是，一些单项重新组合，融体育、艺术、服装展示等为一体的全新节目——superstar时装秀产生了，实现了全员参与率的最大化。

表 8　艺术节演员扩容方案

项　目	优化方案	扩编人数
舞蹈	大多数成员舞蹈功底不太好，打算邀请有舞蹈基础的同学加入，如学校舞蹈队、健美操队及在培训机构学习舞蹈的同学。	6
二重唱	唱二重唱的难度较大，班里的同学达不到要求；本班有接近十位男同学是学校打鼓队的成员，所以决定增加打手鼓的成员，用鼓点来配合这首欢快的歌曲。	4
相声	现有成员中，有的同学擅长表演但普通话没有相声味，需要一些能说的同学加入，为了节目的丰富性和可观赏性，计划把相声改为群口相声，能说的说，能演的演。	5
时装秀	为了节约成本及更有创意和意义，把节目定为环保时装秀，打算号召同学们从家里带一些废旧材料来，全班同学一起参与衣服的制作，只要是能走秀的同学都可以参与表演。	不限

另一方面，要外部拓展。我们还可以在现有大框架的基础上，积极拓展相关项目，除了有竞技类的比赛项目，还应有大众性的体验项目。这些带有普及性的项目，每个人都可以参与，而且应当参与，这也是学校节庆的应有之义。我们可以向学校、年级积极建议，也可以在班内自行组织。以体育节为例，可以拓展的项目很多，只要善于开发，就能引导更多师生积极参与。

表 9　体育节项目拓展方案 ①

项　目	方　案
竞技改编项目	短跑改成综合障碍跑、跳绳跑、抱球跑等；把跳跃项目改为障碍跳、布袋跳等；把投掷项目改成掷飞镖、趣味保龄球、趣味投掷等。

---

① 刘保华：《对学校体育节项目设置的几点思考》，《基础教育参考》2015 年第 18 期，第 76-77 页。

项 目	方 案
体质监测项目	安排一些适合学生上肢锻炼的运动项目，如斜身引体、爬杆或爬绳比赛、双杆支撑移动、云梯竞速等。
娱乐性项目	改编自田径跳跃项目的布袋跳，团队性的趣味游戏；尝试将抖空竹、滚铁环、踢毽子、斗鸡、跳皮筋、打陀螺等项目，经过改编创新后推行。
特色项目	设置了足球射门和足球踢远、乒乓球比赛、游泳比赛、广播操和武术操表演、团队体育游戏比赛。
时尚体育项目	跆拳道、轮滑、滑板、溜溜球、花样篮球等。

第四节　让班级自主节日彰显家园情怀

一、班级自主节日到底为了谁？

班级自主节日的范围很广，凡是与班级中的人、事相关联的日子，都可以用来庆祝和纪念，因此可以将父亲节、母亲节、教师节、儿童节作为班级自主节日，也可以将全体成员自主认可的其他有趣、有意义的日子作为班级自主节日。但是要把这些日子过好，也不是特别容易。

> **案例**　　　　　　　　　　**一次母亲节表演**

这是李老师在区级层面的第一个班会，格外隆重。她的班级是二年级，她选择的形式是大家济济一堂，开一场母亲节诗歌朗诵会。受邀到会的家长众多，除了两位请假外全部人员到齐，大家盛装出席，仪式感很强；诗歌是孩子们自己选择并改编的，也挺有新意的。但美中不足的是，同学们与母亲们分别坐在教室两侧，中间空地就是舞台，而参与观摩的领导和老师正坐在舞台对面，俨然在检阅。

果然，班会开始后，两位小主持人率先登场，面向全体观摩老师，首先引出两位嘉宾家长，一位家长献舞一支，另一位家长献歌一曲。家长也同样面向老师，进行着细致而流畅的表演，看得出来是经过多次排练的，为了孩子铆足了劲。接下来便是孩子们分组表演节目，除了个别的歌唱节目，大部分节目是孩子们事先排练好的诗歌朗诵，无一例外全部是面向观摩老师的。尽管孩子们的诗歌主题是歌颂母亲，内容与形式也非常精美，但是家长几乎无动于衷，她们关心的是孩子们有没有出错，能否顺利完成，然后便是配合性地给予热烈的掌声。当孩子展示完对母亲的感恩诗歌后，主持人问母亲们的感受，妈妈们的回答都好像是事先排练好的一样，谁回答，回答什么，完美到无可挑剔。

更令人意外的是，在最后结束环节，孩子们与母亲们一起起立，向台下的观摩老师表达感谢："辛苦老师，谢谢大家！"那场面就好像一台演出结束后的谢幕。

这样的场面，让我不自觉地想起儿童节。许多媒体批评当前儿童节庆祝大会，往往是为领导表演、让领导满意，本应当作为节日主角的孩子被设计为表演的工具，怪不得许多儿童节被形容为"儿童劫"。何其相似，今天母亲节的场面是不是也有相应的剧情呢？我们认为在班级自主节日的主题活动中，可能也要处理好两种关系，解决好两个问题。

第一，谁是节日的主角？这个问题似乎有点怪，母亲节的主角理所当然是母亲，但是从现实来看，参加这次活动的母亲似乎并不是主角，她们表演歌舞是为了给台下观众看，她们接受和欣赏朗诵是为了给观众看的，她们最后回答问题好像也是为了给观众看的。这与她们本应享受的主角身份是不匹配的，事实上她们应该享受鲜花和赞美，享受孩子们给她们带来的愉悦，但是她们没有，她们还要事先多次排练，与其说是享受，不如说是找罪受。

第二，谁是节日的主体？到底是老师还是孩子，才是节日策划组织的主体呢？按道理说既然是班级自主节日，孩子就应该是节日活动的主体，他们应该在组织过程中充分锻炼，然后获得多样化的成长。然而现实中这种节日活动，孩子的主体性看不到了，最后都成了班主任老师的安排，这是有问题的。

我们认为班级自主节日，是班级师生根据班级实际需要，自主策划组织的全员性班级节庆性活动，其目的是为了促进班级及其成员的主动健康发展。因此要把握好"班级""自主""节日"三个关键词，挖掘育人价值。

二、要着眼于班级共同体建设

共同体是人们在共同的条件、目标下所结成的组织团体。班级并不天然是共同体，必须经过目标认同、组织建设、文化统整才能完成。而班级共同体形成过程中，班级自主节日的价值是显而易见的。

| 案　例 | 爸爸，节日快乐 |

光明区实验学校的何琳老师带了一个二年级的班级，在日常的家校交流过程中，她发现基本上是妈妈参与班级事务，而爸爸们似乎总处于班级边缘，很少主动参与班级建设与管理。随着孩子们年龄逐渐增长，爸爸的教育陪伴显得越来越重要，如何吸引和调动更多家长，特别是更多爸爸融入班级建设中来呢？

何老师借 6 月份的父亲节，开展了一次"爱我你就抱抱我"的父亲节主题活动。他们前期组织孩子们拟定好选题，分小组进行调查、邀请、节目彩排和礼物准备等，孩子们非常主动，妈妈们也很激动，因为他们都希望爸爸能融入进来。他们贡献出了极大的热情，在一些细节上多次召开协调会，特别是在礼物选择上，先后比较亲子文化衫和亲子相册两种，最后决定同时送出这两种礼物，并用特别的仪式献给爸爸。

父亲节当天，所有爸爸都来到了会场。看到孩子们偷偷录制的亲子视频，又看到孩子们精心编排的献礼节目，尤其是看到孩子们讲述节目背后的亲子交往细节，爸爸们被深深地打动了。最精彩的是礼物赠送环节，当亲手接过孩子们的礼物，听着孩子们天真地呼唤"爸爸，节日快乐"，许多爸爸都湿润了眼睛。最后，孩子们拉着爸爸们的手，共同唱响了《爱我你就抱抱我》。

活动之后，爸爸们很感动，纷纷表示以后要更多地关注班级，关注孩子，妈妈们也通过微信朋友圈等表达了愉悦和欣慰，活动取得了圆满成功。果然，在后来班级组织的活动中，爸爸们的身影明显增多了，班级气氛也变得越来越融洽。

我想这次活动的成功，最主要的是抓住了班级建设中的痛点，抓住了关键问题，抓住了关键少数——父亲。父亲在我们的日常教育中很容易被忽视，但又非常重要，何老师通过父亲节这一契机，激发了学生父亲的热情，激发了班级全体成员的积极性，促进了班级共同体建设。所以设立班级自主节日，要注意两个策略。

　　一是基于班级成员。以人为对象，可以在班级中创造三类自主节日。（1）家长群体的节日。班级除了班主任与学生外，学生家长甚至学生的爷爷奶奶都应成为团结对象，因此有必要在合适的时候举行母亲节、父亲节、老人节等主题活动，帮助孩子们了解和关心他们。（2）教师群体的节日。教师节值得被重视，因为在班级里，许多科任老师与孩子的关系也是一个常见的问题，需要通过一定的载体来融洽彼此关系。目前教师节主要集中在学校层面，师生交往还不充分，我们认为完全可以在班级举行类似的联欢活动。（3）学生群体的节日。可以举行六一儿童节，也可以针对不同性别的儿童，在中高年段举办男生节、女生节，应该也是别有趣味的。

　　二是基于班级节点。这是以班为对象，具体也有三类节日。（1）班级成立的日子。可以是初始年级班级成立的日子，也可以是组合分班后班级成立的日子，还可以是更换班主任及科任老师后班级成立的日子。（2）班级纪念日。可根据班级编号，自行设立班级生日、纪念日，如四（3）班，就可以将4月3日作为班级纪念日。（3）班级庆典日。在班级取得重大荣誉的日子或者一些重大节点，可以举行相关欢庆活动。这些都是班级建设过程中的重要记忆，值得彰显。

　　新教育实验非常重视班级文化，提出"缔造完美教室"的倡议，其发起人朱永新教授说："缔造完美教室，就是以文化为自己的教室立魂，让自己的教室，让自己和孩子们书写出独一无二的自己的故事。"在这一理念下，新教育的一些实验区围绕班级课程，开发了不同的班级节日，如夏洛节、"花婆婆"节、犟龟节、梦想节等。[①]其中的夏洛节，就是在集体阅读了著名儿童小说《夏洛

---

① 牛心红：《小学学校仪式设计20例》，中国轻工业出版社2013年版，第171页。

的网》之后，班级所有同学都很感动，于是专门设立了一个夏洛节，在教室内挂满了爱心气球，张贴孩子们自己绘制的"网"，写上"幸福""快乐""健康""丰盈"等文字，提醒孩子们编织爱的大网，努力成为别人生命中的"重要他人"。这些节日丰富了班级教室生活，从另一个视角启发了我们。

三、要体现学生自主特点

学生自主，是我们对学生活动的一贯要求，但在班级自主节日教育活动中，学生自主可能更彻底。

案 例　　　　　　　　　**新年 PARTY 我做主**

光明区长圳学校的黄莹老师带一个三年级的班级，学校约定每年 12 月 31 日下午为班级自主时间，可以由班级自主确定活动内容与形式，只要不破坏学校纪律和财物就可以。为了锻炼学生，黄老师便组织全班同学积极自主策划，初步设计了三个方案：迷你游园会、文艺联欢会、精彩美食会。

游园会以游戏为主题，确定了各种各样的小型游戏，方便同学们参与，还安排了兑换奖品等环节，富有吸引力。联欢会比较传统，实际上是组织同学们进行才艺表演，包括歌舞、小品等形式，以此展现学生们一年来的个性发展水平，有较好的教育意义。美食会比较简单，就是要求学生们带一份自己做的美食来到教室，大家相互品尝，尔后评选最受欢迎的美食。为了确保真实性，活动还要求每人说明美食制作过程，并附上相关图片。

三个小组都精心准备了方案。选哪个呢？他们模仿《中国好声音》等时尚节目，设置了专业评委五人，大众评委若干名，班主任老师客串了主持人。经过方案说明、问题回答及评委投票，最终结果出乎意料，精心设计的迷你游园会竟然落选了，富有教育意义的联欢会也被大家抛弃了，大多数人倾向于美食会。策划游园会的小男孩伤心地哭了，很气愤地说"我们输给了一群吃货"，让人哭笑不得。

班会后，在班主任老师的建议下，美食小组吸取了其他两个方案的优点，将其他两个项目组的骨干力量充实到自己的团队中，美食会最终如期举行，也取得了圆满的成功。那个曾经痛哭的男孩在活动结束时，竟然感慨道："原来我也是一枚吃货。"

我当时也在听课现场，很自然地倾向于选择迷你游园会，因为这个组的准备真的很充分。但现实中三年级的孩子真的是"吃货"，这与我们老师的思维是不一样的。的确，黄老师比我更了解孩子。这启发我们在自主节日活动中，要做好两个方面的工作。

一是真正体现儿童立场。成尚荣老师是儿童立场的倡导者，他说："教育是为了儿童的，教育是依靠儿童来展开和进行的，教育应从儿童出发。这就是教育的立场，因此，教育的立场应是儿童立场。"[1]在班级自主节日活动方面，就是要体现三个层次。首先是"基于儿童需要"。把儿童放在正中央，从儿童的成长需要鼓励儿童自主开展活动，这是我们开展班级活动，组织班级建设的基本立场。其次是"依靠儿童进行"。就是要把儿童当作自主节日活动的主体，把决策权、组织权还给学生，包括节日本身的确定要由学生自主决定，节日活动形式的安排也要由学生自主决定，甚至活动本身的策划、组织、推进、小结等过程，也要由学生自主决定，真正把节日还给学生。再次是"促进儿童发展"。特别建议要开展有关对活动的评价、总结和反思，厘清和强化自主节日活动对儿童发展的促进作用。可以借鉴发展性评价中的档案袋等形式，将过程中的成果进行有效保存，并以此引导展开个人自评、同学互评、教师评价等，增强儿童发展的意识，提升发展水平。

二是转变教师角色。强调学生自主，并不是班主任不要参与，应像黄老师一样，尊重学生的自主性并为学生自主创造条件，为学生发展打下基础，这里就需要老师实现"三个转换"。首先是"转换思维"，即从管理思维转向教育思维，要清晰地认识到，自主节日不是老师出于管理班级的需要，而应

---

① 成尚荣：《儿童立场：教育从这儿出发》，《人民教育》2007 年第 23 期，第 5-9 页。

该是学生自我发展的舞台，只有让孩子自主决定、自主参与，才能实现学生自我成长。其次是"转换行为"，即从单向指令转向双向对话，教师应该多听孩子们的所思所想所好，而不是仅仅从班主任的经验出发，否则就可能虽然有了节日，但还是传统的样态，孩子们没有应有的快乐可言。再次是"转换态度"，即从决定者转向支持者，这也需要班主任老师尊重孩子们的自主决定，并为这些决定创造条件，支持孩子们取得成功，即使在结果上不一定很完美，甚至失败了，也要宽容以待。

转换教师角色是一件长期的事情，需要班主任不断加强自我修炼。著名特级教师于永正曾经在退休后这样反思道："如果让我再教一届学生，我会让学生从我这里体会到尊重、平等、民主""如果让我再教一届学生，我希望成为学生的导师，而不是教师"……相信这些话对今天在岗的每一位班主任都有启迪。

四、要体现欢乐的节日氛围

班级自主节日，最后的落脚点是节日。相对于传统节日的民族性、现代节日的政治性、校园节会的教育性，班级自主节日的弹性空间更大，可以更多地体现节日的本来面目。我认为，节日就是要回归到放松愉悦的状态，实现人与自我的和解与协调。具体到小学生的班级自主节日，要注意两个方面。

一是回归快乐。回归快乐，首先是让儿童过一个简单快乐的属于自己的节日，从而让这个节日与平淡的其他日子有所不同。回归快乐还要回归儿童视角，从儿童喜欢的活动形式入手，并不一定追求高大上，简单甚至幼稚的节日形式都可以借鉴，甚至偶尔让师生过一次愚人节也是一件快乐的事。光明区红花山小学的张会爱老师就曾经享受过这种快乐。

案 例　　　　　　　　　　**快乐愚人节**

那天是愚人节，可是我却给忘了。早上做完操回办公室的路上，迎面走来几个孩子，一本正经地对我说："张老师，你看，你的鞋带松啦。"我心想，这些孩子多会关心人啊，便低下头查看自己的鞋子，没有发现异常情况。我穿的是皮鞋，哪来的鞋带？我还傻乎乎地轻轻地跺了一下脚。孩子们看着我那傻样儿，"扑哧"一声大笑起来，乐着向教室跑去。半天我才醒悟过来：呵，原来今天是愚人节，这帮调皮的小家伙。我忍不住也跟着笑了起来。

那天上午第一、二节连续上语文课。我一本正经地说："同学们，校长夸你们上次上公开课时表现非常不错，他决定下一节课带你们出去活动。这一节课大家表现不错的话，下课后就由体育委员组织大家排队，明白了吗？""耶！明白啦！"孩子们兴奋得齐声喊道。

第一节语文课，孩子们学习特别认真。

下课铃声响起，孩子们争先恐后地向洗手间跑去，有的孩子还边跑边说："快点，快点，校长快要来啦！"上了一节课，我都把刚才说过的话给忘了，没想到孩子们记得那么牢！哈哈，看来这帮小家伙要上当啦……由他们乐去吧，我回办公室喝茶去。

一会儿，我从办公室往窗外望去，只见教室外的走廊上，纪律委员和体育委员很积极地招呼同学们排队，孩子们在"嘘"声中彼此提醒要安静。很快，整整齐齐的队伍排好了。

第二节课的预备铃声响起，我站在孩子们的队伍前，瞪大了双眼好奇地问："同学们，你们在这里干什么？不上语文课啦？""您不是说校长带我们出去活动吗？""啊？我说了吗？校长在哪啊？"我摸摸脑袋，还回头张望。"张老师愚弄我们啦，好坏哦！"体育委员终于醒悟了……[①]

二是适度释放。从心理学角度看，因为在平常的日子中，受学校教育中社会性的约束，儿童更多体现为超我、自我，其实更多时候孩子还有本我的一面，这需要在特定时间内释放。

印象中特别深刻的是北京十一学校的泼水节，他们把傣族泼水节引进校

---

① 谢德华，钟杰：《30个教书匠帮你做班主任》，福建教育出版社2003年版，第147–149页。

园。在高三毕业考的第二天，校长亲自主持泼水节，并抛出第一盘"幸运之水"。于是每年一度的泼水节成了学生们最兴奋的时刻，操场上水花飞溅，如瀑如雨，人人都成了落汤鸡，分不清谁是老师，谁是学生，只有欢快的笑声、叫声在校园里回荡。活动以水为媒介，拉近了师生、生生之间的距离，由过去有些拘谨的交往，转化为亲密接触，其中愉悦的情感体验不仅丰富了师生们的校园生活，而且给学生们留下了终生难忘的记忆。

尽管泼水节是校园行为，但是它的思维方式完全值得班主任老师借鉴。我们在班级的某个重要的任务完成之后，不妨以某种方式来释放孩子们的情绪，实现身与心的和谐，师与生的和谐。在这方面，西方国家某些日子真的值得我们参考。比如下面这些异想天开的学校节日：

"疯狂节"，在疯狂节里，大家竞相把自己装扮得很滑稽，像个疯子似的更好。

"睡衣节"，这一天，一般在圣诞节前后，大家都穿着睡衣拖鞋去上学，据说身着睡衣可以放松大家学习时的紧张心情，因此睡衣节也成为一个象征着温馨可爱的日子。

"单数日"这一天，不可以有一对的东西出现在学校。这下可有好看的了：同学们的小辫子是两边不同的，一个上，一个下；同学们把一条裤腿挽起来；一只高跟鞋，一只拖鞋；脚上的袜子也是颜色、款式不一样的，显得怪怪的。

"发型秀日"，这天孩子们和家长们可以尽情地发挥想象力，给孩子做出各种怪异的发型。

"帽子日"，不管是什么样子的，只要你戴帽子，你就合格了。

"校色日"的时候，你要穿与我们校色相同颜色的衣服——黄或黑。

"衣服反穿日"，这天，学生的衣服都故意反着穿。[1]

---

① 刘冠华，胡树红：《美国节日：学校教育生活化》，《语文学刊（外语教育与教学）》2010年第5期，第106–107页。

第四章

休闲假期日生活育人

根据国家现行双休日、法定节假日制度，以及《义务教育阶段学校实验课程方案》，我国义务教育阶段的学生假期大致包括双休日、节假日和寒暑假，目前累计达到一百八十天左右，约占全年 50%。如此丰富的假期时间，为广大学生的发展提供了良好的基础与契机，但也为一些家长和孩子带来了烦恼，如何有效安排假期成了一个问题。

　　我们从生活论的角度出发，认为假日是学生日常生活的重要组成部分，是促进学生生命成长的重要载体。在具体实践中，应当发挥学生主体性，以闲暇教育为主线，结合家庭、学校、社会资源，具体开发学生周末、小长假、寒假和暑假四类假日生活的教育价值。

第一节　让周末真正放松身心

一、周末等于培训班吗？

　　　　　　　　没有钥匙的星期天

"春天到了，风轻轻地吹着……我面前这乌黑的大钢琴，像一个严厉的老师架在我面前……门已锁死，我可不想面对他们。"

最近，九龙坡区第一实验小学六年级的小涵同学写了一首诗，引起了许多同学和家长的共鸣。诗的名字叫做《没有钥匙的星期天》，小涵告诉记者，自己最近要考钢琴六级，周末除了画画和奥数，中午还要抽时间练钢琴，整个周末都很忙碌。

"我没有钥匙，还不如小树得意"

"小狗'汪汪'地兴奋着，蝉在宣告冬天的结束，春天的到来。风轻轻地吹着，它貌似在向我炫耀。我可真羡慕它们啊！可是我面前这乌黑的大钢琴，像一个严厉的老师架在我面前，以及这堆倒霉的钢琴考级作业。门已锁死，我可不想面对他们。……我没有钥匙，还不如小树得意。"

这是小涵在《没有钥匙的星期天》中写下的内容。诗歌前半部分描绘了春回大地，万物生长的画面。与之形成对比的则是小涵坐在乌黑的大钢琴面前，面对着一堆钢琴考级作业，没有钥匙，出不了门。

钢琴是爸妈要求的

为什么会写这样一首诗？小涵说，自己最近正在准备钢琴六级考试，练琴的时间比较长，所以自己有感而发写了这首诗。

"星期六上午画画，下午奥数，中午还要练钢琴。"小涵告诉记者，自己周末过得比平时还要忙碌，周日除了下午有一些户外活动，其他时间都花费在了写作业和练琴上面。如果钢琴不够熟练，下午还要继续"补课"。

这些项目小涵喜欢吗？是自愿学习的吗？小涵告诉记者，画画是她自己选的，但是钢琴是爸爸妈妈要求的。

"小时候很喜欢（钢琴），但后来就不喜欢了。"小涵说，因为现在每年都要考级，所以兴趣被磨掉了。①

小涵的诗，让我很有感触。我一方面觉得这个孩子很有才，很厉害，文字很生动，另一方面又觉得很可悲，这样周末培训补习的现象，在中小学越来越普遍了。有人甚至一天报四到五个培训班，过起了周末"早八晚八"的补习生活。因此，我们感觉到今天的小学生周末生活具有填充式的特点。

一是超负荷的学习任务。毋庸讳言，目前大部分学生周末的主要任务依然是学习。首先是学科作业，学生们要完成学校老师布置的大量作业，随着学段的提高，作业量会明显增加。可能到了期中、期末考试，许多孩子就要因为作业而"废寝忘食"了。其次是校外补习，尤其在一些大中城市，一些家长或有心或无意地给孩子们报了一些班，如文化课补习、音体美培训，再加上补习后的作业，孩子们真正玩耍的时间就被极大地挤压了。

二是成人化的时空管控。孩子的周末生活大都由家长安排，孩子较少有自己的思考。在家庭中，家长们最爱说的一句话就是"做完作业再去玩"。另外，补习班中也是管控的风格，孩子在时间、空间上都受到了控制。因而有同学感慨，双休日成了"封闭"日，双休日成了"双修"日。

这些现象的存在有多种原因。可能与社会文化有关，当前受功利主义思潮的影响，尽管教育界大力提倡素质教育，但应试教育的阴影从未散去，社会各界似乎把考试成绩摆在了更为突出的位置。也可能与学校休闲教育的缺

---

① 《小学生写诗感叹周末补习太忙：不如小树得意》：https://edu.qq.com/a/20151213/008121.htm。

失有关，一种闲暇生活需要有相应的闲暇教育、闲暇课程与之匹配，但放眼各学校，闲暇教育还未真正起步，无论教师还是学生，都需要闲暇教育的启蒙。还可能与家长教育理念有关，一些家长喜欢跟风，还有一些家长有图省心的想法，把孩子完全托付给培训班和老师，放弃了家庭本身在闲暇教育上的责任，因而就出现了各种培训热、补习热等现象。

因此，我们要综合认识周末的育人价值，提升学生、家长及老师对闲暇教育的认识，改变"在书本中学习"的单一方式，加强实践学习、合作学习等，让周末真正成为放松身心的时空，帮助学生积极休息，实现更大意义的成长。

二、学会休闲很重要

"休"在《康熙字典》和《辞海》中被解释为"吉庆、欢乐、美善、福禄"，强调人倚木而休，表明人与自然的关系，也是中国人敬畏自然的一种态度。"闲"，通"娴"，具有娴静、思想的纯洁与安宁的意思。[①] 因此，从词义的组合上看，休闲应是人倚木而休，使精神的休整和身体的颐养得以充分地进行。休闲对个体、集体、社会均有十分重要的价值，对个人来说，休闲可以让人身心得到充分放松，为再工作、再学习提供重要基础；对集体和社会而言，休闲可以营造出不一样的文化和生活方式，减少相互矛盾，促进人际和谐，从而推动社会进步。具体来说，小学生周末的休闲活动，既是孩子们对一周紧张学习的有益放松和调节，也是孩子们追求全面发展的重要内容，试想一下，一个只会工作不会休息的人是多么无聊啊。如何引导学生合理休闲呢？

案 例   **我是周末小健将**

光明区爱华小学的陈爱珍老师带的是一年级，学生在校行为养成比较良

---

① 于光远，马惠娣：《关于"闲暇"与"休闲"两个概念的对话录》，《自然辩证法研究》2006年第9期，第86—91页。

好，但周末生活有些问题。除了作业、兴趣班、电视或手机以外，一些同学找不到适合的玩耍项目，不会玩成了一个突出的问题。于是，陈老师与一些热心的家长商量，决定从孩子们最喜欢的体育活动开始，在班级倡导有益于身心健康的周末项目。

她先发动同学们自由报名，选一个自己喜欢的体育项目，然后经过集体梳理，分别形成了五个基本项目：跳绳、轮滑、跳跳环、篮球、呼啦圈。在老师的要求下，大家利用周末在家里进行了大量练习，准备在班会上来一次集体运动秀。

运动秀来了。跳绳小队首先上场，12个人迅速分两排站立，在小指挥员的统一口令下，开始了绳操表演，有单人跳绳，也有双人跳绳，有单飞，还有双飞，精彩纷呈。轮滑队的孩子们花样众多，有个人直线滑，也有个人障碍滑，还有集体花样滑。特别是他们两两一对手拉手，沿着教室滑一周以后，面对面形成一个又一个拱门，孩子们欢快地从拱门内穿过，每一次穿越都迎来台下的欢呼，气氛很热烈。另外，呼啦圈、跳跳环、拍篮球项目也各有特色，全面展示了孩子们的身体素质和运动精神，大家沉浸在运动的欢乐之中。

等各组展示完毕，陈老师请同学们发言，大家纷纷表示周末锻炼让自己更健康、更充实。陈老师借机对全班同学提出了一个更高要求，请大家在"六一"入队前一个月里，把五个项目都学会，争当五星小健将，甚至可以带动家人一块参与，争创五星健康家庭，激起了同学们新的热情。

陈老师引导的这些项目与传统的学科学习不同，带有休闲的特点，具有较好的发展性，有可能发展为学生个人的终身爱好，提升其生活情趣。因此，结合陈老师这个活动，我们认为休闲教育要从小抓起。

一要开发休闲课程。休闲也是要学习的，特别是一些有技能要求的休闲方式，还需要更多的时间进行练习和强化。相对于常规学习时间，周末既空闲又比较稳定，对休闲方式的形成和改进有重要意义。作为班主任，有必要与孩子及家长围绕周末如何度过，进行专题的学习与讨论。可以开展主题班会，也可以利用《道德与法治》开展相应的课堂教学，如在二年级上册《道德与法治》中有《周末巧安排》一课，就为周末主题教育提供了很好的范本。可以通过该课教学，帮助学生结合自己生活的具体情况，合理安排自己的时间，让周末过得愉快、精彩。

二要鼓励亲子活动。休闲说到底是一种生活方式，不只是个人的，也是家庭的，因此在课程教学的基础上，可以组织家庭式的休闲实践。一方面要通过家长会，转变家长的观念，鼓励家长利用周末经常性地与孩子一起活动，形成家庭共同性的兴趣爱好，丰富周末家庭生活。对其中一些优秀家庭要通过微信等方式推广宣传，强化对周末生活的引领。另一方面还可以鼓励以周末家庭沙龙的方式，参考《爸爸去哪儿》等综艺节目，引导多家庭式的团队活动，在接触社会、亲近自然中，开阔孩子们的视野，扩大交往范围，养成新型生活方式。

目前，全国各大中城市非常注重周末文化营造，在政府主导下，开设了许多公益性活动。以深圳为例，深圳图书馆的周末"市民大讲堂"、深圳音乐厅的周末"音乐下午茶""相约星期天"等，还有遍布各区域的主题展览、公益演出，品质都很高，都值得向孩子和家长们推荐。

三、同伴交往不可少

光明区爱华小学的梁慧凌老师是一个六年级班级的班主任，她性格开朗，喜欢组织学生活动。有一次，家长对孩子"周末没伴玩，只能玩手机"的抱怨，让梁老师产生了灵感，她决定引导孩子们组织周末的集体活动。

案　例　　　　　　　　　　**邀你一起过周末**

梁老师班上有个特别爱阅读的孩子吴同学，在班里小有名气，被许多同学视作榜样。他妈妈是班级家委会的主任，很热心，希望以书为媒介，让孩子与更多同学一起阅读，一起成长。这与梁老师的想法不谋而合。于是在梁老师的鼓励下，吴同学与妈妈共同制定了一份邀请函，邀请班级有兴趣的同学一起参与周末共读。具体约定和要求如下：

（1）每周开展集体阅读一小时，后面的时间进行徒步活动。

（2）每周日下午三点在老人活动中心集合。

（3）每人带好两瓶矿泉水；做好防晒工作。

（4）轮流当小组长，小组长的工作包括：整理队伍；带领小组阅读；徒步的时候，维持秩序；把不守纪律的队员记下来，回来进行小惩罚。

（5）轮流当记录员，在活动结束当天晚上写出活动记录，记录表现好的地方、需要改进的地方及建议。

（6）每一次都必须有两位家长陪伴，其他家长有时间也可以参加。

他们还开了一个班级招募会，面向同学和家长推广自己的周末活动。由于方案比较具体，形式新颖，活动保障有力，加上吴同学和家长热情的邀请，打消了许多同学与家长的顾虑，迅速成立了10人小团队。

周末阅读小组成立后，连续做了近两年的伙伴共读活动，先后读了《吹小号的天鹅》《三国演义》《爱的教育》等，积累了丰富的阅读经验。除了徒步之外，他们还不时开展聚餐，培养了相互之间的友情、亲情。后来，他们还带动了班级其他小组的成立，如周末运动小组、周末游戏小组、周末研学小组等，班级周末生活越来越丰富了。

在周末等非正式教育时段的同伴交往，相对于学校内的同伴交往，无论在内容还是在形式方面都更广泛、更贴切，更有利于孩子们的全面健康成长。但是具体组织同伴交往并不容易，有许多安全、时空方面的阻碍。梁老师班级阅读小队的经验，启发我们要注意两点。

一要建立组织。组织是活动的保障，尤其对于相对松散的周末生活来说，没有相对稳定的组织做基础，周末活动很难开展和长期保持。具体来说，建立周末组织形式有两种，一是建立兴趣社团，参照阅读项目，可以把舞蹈、魔方、象棋等各种有共同兴趣的孩子组织起来，他们有共同语言，容易推进项目的深入开展。二是成立社区小队，以区域为单位，可以将本社区及其周边的孩子组织起来，在学校和班级整体安排下，开展假日雏鹰小队活动，如社会实践、社区服务等。

二要定期活动。组织成立了，还需要经常开展活动，才有真正的生命力。阅读小队的周末活动能够持续开展，可能取决于两个原因。一是项目的选取比较准确。相对而言，阅读，特别是持续阅读，相对于一次性的游戏，可能更符合孩子的年段特点，也符合家长对孩子的期盼。二是规则的制定比较得力。我们观察这六条规则，尽管很稚嫩，甚至还有一些缺漏，但这不影响孩子们的自觉遵守，特别是其中的惩罚措施，比成人化的班规来得更亲切些，保证了活动的顺利成行。

少先队组织在这方面有专门的探索。如假日雏鹰小队是少先队组织特有的小队形式，是以实施"雏鹰行动"四项活动和"雏鹰争章"活动为中心任务，由社区组织在双休日、节假日开展活动的小队。[①] 少先队不但规定了假日雏鹰小队的活动内容、活动特点、活动组织，而且还提供了具体评价办法，非常系统。建议班主任老师广泛学习，积极借鉴。

四、要引导学生合理使用网络

目前，越来越多的家长为孩子玩手机的问题而烦恼。许多孩子在周末喜欢窝在家里玩网游、织"围脖"、刷"抖音"，本该丰富多彩的假期，变成了不少孩子宅居的"家"期，网络与手机成为了孩子们最好的朋友。家长对此没有什么好办法，往往以简单粗暴的方式进行干涉，导致亲子关系日趋紧张，这差不多成了周末家庭生活的一个主要矛盾。怎么办呢？我与光明区下村小学的袁婧老师围绕网络问题设计了一节班会课，效果较好，获得了2014年全国中小学主题班队会现场展示活动的一等奖。

| 案 例 | 亲，你会上 QQ 吗？ |

【活动目的】

让学生通过班会活动懂得甄别网络上的虚假信息。能做到不传谣，不信

---

① 张先翱：《雏鹰假日小队》，《中小学管理》1998 年第 6 期，第 31–33 页。

谣，不让谣言伤害自己。能自觉维护网络诚信，对自己的网络言行负责。

【活动过程】

活动1：从QQ说起。

首先出示班级QQ群截图，向学生呈现不诚实的信息，采访当事学生为什么要填虚假年龄、居住地区等。

学生1：我不想暴露自己的真实信息。

学生2：网络上很多东西都是骗人的。

活动2："QQ"AB剧。

播放事先拍摄好的一小段视频，该视频的内容是：主人公小康在上QQ时看到一则关于抓"小偷"的信息，要求他转发，小康与妈妈商量该如何处理这则信息。主人公每次思想斗争时，视频会停下来让学生作选择。

播放画面1，问：小康是否会转发此条信息？学生进行选择，教师进行采访。

播放画面2，问：妈妈是否赞成小康的这个做法？学生进行选择，教师进行采访。

播放画面3，问：你觉得这样转发会不会造成严重后果？学生进行选择，教师进行采访。

在学生看完完整的视频后，教师告诉学生这段视频的真实来源——广东一名高中女生不堪网友人肉搜索而投河身亡，让学生意识到自己一个不经意的转发可能会酿成严重后果。

活动3：QQ大调查。

第一小组：汇报班级学生使用QQ各项调查结果的比例。

第二小组：统计通过QQ发布的常见虚假信息。

第三小组：分析大家随意转发的原因。

第四小组：面对未经确认的信息，提出行动建议。

活动4：QQ漂流瓶。

为了检验学生是否已经学会鉴别网络上的信息，教师在全班投放了四个有真有假的漂流瓶，学生商量该如何处理漂流瓶中的信息。

最后在懂得鉴别信息的基础上，老师让学生写下对QQ的留言，并利用网络连线远方的同学，让诚信传递得更远，引导学生利用QQ做有意义的事情。

袁老师这个活动有几个突出优点，一是选题现实性好。今天的孩子是网络原住民，完全杜绝孩子与网络、手机的接触，似乎并不现实，需要更多地加以引导和规范。袁老师针对QQ上的虚假信息及其传播，很生动地给孩子们上了一课，对引导孩子们正确对待网络是有益的。二是学生体验性强。活动选用的大量素材来源于现实，有孩子们自身的，也有一些网络热点事件，很贴近学生实际。同时四个小组分别开展前期调查，整理了大量信息，获得了第一手资料，这对于孩子们准确把握网络谣言及虚假信息是有利的，所以效果很好。结合袁老师这个活动，我们认为在周末开展相关网络教育是十分必要的。

一要建立约定。我的一个朋友的做法很不错，他们与孩子相互约定，周一到周五不玩手机不看电视，周六周日可以看电视、上网各一个小时，也可以相互替换。坚持了一段时间以后，孩子对这个约定就非常自觉了。

二要加强引导。特别要引导孩子不浏览不健康网页，不相信、不传播虚假信息，不与陌生网友见面或告知相关隐私信息，尽量引导孩子学习积极有意义的内容，保障健康成长。

三要突出示范。当前网络问题是个普遍性的问题，不但孩子有，而且成人也有，在周末或者空闲时间，许多家长也是手机不离手，因此有必要召开专题家长会，引导家长作好榜样，在孩子面前尽量放下手机，同时积极地走出家门进行户外活动，树立积极健康的榜样形象，以此提升周末家庭生活质量，这才是真正的关键。

有教育专家指出，网络原本无罪，网络也不是洪水猛兽。许多人之所以"谈网色变"，是因为网络往往会成为学校和家庭教育失败的放大器。所以要改变孩子们的网络成瘾问题，最根本的是要重建孩子的班级生活与家庭生活，让孩子在现实中比在网络中更快乐。

第二节　让小长假催生主题学习

一、小长假只需要安全教育？

又到了清明假期，王老师照例开了一个假前安全教育班会，出示了去年用过的 PPT，然后又下发了去年用过的清明节安全承诺书，要求同学们带回家，让父母签名以后带回学校。

　　　　　　　　　假期前的安全保证书

清明节放假三天，为了保证假期安全，我坚决做到以下几点：

1. 注意交通安全，遵守交通规则，走路靠右边，不在路上追逐打闹、玩耍。

2. 注意防火、防电，不点火，不玩火，不乱动电器、开关，不用湿手、湿布擦电器，不随意玩耍电器等。

3. 不骑自行车。

4. 不和陌生人说话，不跟陌生人走，不接受陌生人的礼物，不私自外出。

5. 发现有人溺水要大声呼救或报警，不盲目施救。

6. 远离高压电器，不在高压线下玩耍。

7. 打雷下雨时，不在大树等易导电的物体下躲避。

8. 不在建筑施工现场站立、通行、玩耍。

9. 不爬墙、树、电线杆，不到危险的地方去。

10. 不到河、江、水、坝、库等有水的地方玩耍。

11. 注意卫生安全，不吃腐烂变质食品、三无食品。

12. 不玩尖锐利器、管制刀具等危险物品。

以上几条我保证做到，如有违犯，后果自负！

保证人：——————

监护人：——————

日　期：——————

孩子们麻木地接过承诺书，放进书包，不时有同学低声抱怨："没意思，又是老一套。"是啊，这样的班会与承诺书已是一种老套路，不论是清明节还是端午节、中秋节，无一例外均要进行，而且内容几乎一模一样，千年不变。

小长假指国家有关部门对节假日进行调整，取消五一长假，增加元旦、清明、端午、中秋为法定假日，形成的以元旦、清明、五一、端午、中秋、十一、春节为主体的假期系统。相比周末，小长假时间更长，适宜开展需要较长时间的大型活动；同时它又与节日相关联，需要开展有关节日的主题活动。这些特性赋予小长假特殊的社会和文化功能，在学生的个体成长中具有特殊的意蕴。但现实中，在小学里小长假往往被视作简单的假期，是周末的加长版，很少有教育意义的开发，这让学生的小长假生活更多处于一种混沌状态。

其一，是节日，还是假日？正如前述材料一样，大家习惯于把小长假当作稍长一点的假期，千篇一律地重复安全教育，其实是混淆了节日和假日的区别，把节日当假日，看不到小长假特殊的育人价值。节日和假日是两个既相互联系又有所区别的概念，尽管许多假日本身是节日，但不是所有的节日都能够成为假日。"当一个节日对国家或民族具有重大的历史背景和深刻的文化内涵，政府或民间安排有重要庆典活动时，才有可能成为国家法定假日。国家法定节假日首先是节日，然后才是假日，是以国家法律的形式确定的全民公共假日，节日和假日最大的不同是节日有特定的文化内容和文化形态。"①所以国家赋予春节、中秋等传统节日，赋予五一、十一等现代节日以公共假日的身份，除了有经济上刺激消费的考虑之外，更多是从一种文化传承的意义而言的，希望促成全体国民在这些特殊的日子里，有时间与家人和朋友重温节日礼仪、风俗，重建节日生活，以此促进个体在文化层面的整体提升，实现全面发展。

其二，是宅家，还是出游？正因为认识上不到位，学校与家庭在节假日专题教育上存在一些误区，出现了一些盲目跟风的现象，大致有两种倾向。一是狂欢式宅家。一些家庭把难得的小长假当成放松甚至放任的契机，把吃和玩放在了十分重要的位置，出现了报复性地玩手机、看电视、吃东西等现象，这不但造成了浪费，也不利于健康。二是暴"堵"式出游，即把节假日当作旅游日，往往会出现举家出游甚至举国出游，很自然地导致了节假日特定的堵车现象。正如一些网络热帖所说："高速，高速，漫漫长龙无助，南来北往思忧，愁对，愁对，长假让人心碎"，小长假不但堵车，更加堵心。从表面看，这是国家政府的导向有偏差，但实质上是家庭与个人的休闲智慧不足。因此，无论居家还是出游，本质上都需要个人养成良好的生活方式，绝不仅仅是安全教育所能涵盖的。

这种种怪象，均表现出学生小长假生活缺乏理性，也是节假日教育缺失的重要表现。因此，基于"节日第一、假日第二"的理念，加强小长假的专题教育，值得每位教育工作者践行。

二、过好节日是基础

现在，随着生活条件的日益改善，人们对过节的感觉似乎越来越淡，感觉每天都像在过节一样。因此，遇到小长假，大家似乎并不热衷，觉得无非是吃吃喝喝，跟平时差不多，没有新意，就连小孩子也有这样的感觉。光明区实验学校的肖珊珊老师也遇到了这种情况：又到了中秋节，二年级小朋友

---

① 范中杰：《论传统节假日教育与青少年传统文化教育》，《现代教育论丛》2008年第4期，第7–12页。

丝毫兴奋不起来。她在思考，如何让孩子们过一个有趣有意义的中秋节呢？

案 例	团团圆圆庆中秋

肖老师根据孩子们思维直观的特点，决定从"圆"开始，开展"团团圆圆庆中秋"的主题活动，引导孩子们认识中秋、感受中秋、享受中秋。

"中秋饰品是圆的"。喜欢手工的孩子们成立了团扇绘画组、团圆剪纸组和灯笼制作组。团扇绘画组各式水粉颜料一字排开，成员们在美术老师的指导下，先用铅笔在团扇上描绘心仪的中秋图案，然后蘸着水粉轻轻地上色，等它慢慢晾干后，漂亮实用的团扇就做好了。灯笼制作组的工具是一次性纸杯、绳子、卡纸、剪刀，每两人一起合作做出一个灯笼，你剪卡纸，我穿线，要画圆的时候顺手拿起旁边的水杯一按一画，一个完美的圆就出来了。团圆剪纸组这边，成员们全神贯注，跟着项目组长学习，不放松每一个动作，这边一对折，那里一剪刀，对折对折再对折，捏住角，细细地剪出花纹，再展开亮相，一个"圆圆的月饼"就成了。

"中秋食物是圆的"。喜欢美食的同学们则成立了赏月拼盘组和月饼 DIY 组。赏月拼盘组的工作比较简单，在家长指导下，从选材、清洗到制作拼盘，几位同学三下五除二就完成了一份份创意十足的水果拼盘，创意与美观兼具。月饼 DIY 组买好模具和材料，他们将称好的各种料粉依次放入碗中，加入鲜奶和油搅拌均匀，放进蒸笼蒸成面团后，再将面团捏成面皮，包入豆沙馅儿，放入模具中压制成型，好吃又好看的冰皮月饼就大功告成了！

"中秋家庭是圆的"。中秋节那天，大家在班级微信群里争相分享家庭"团团圆圆"庆中秋的照片、视频。一些家庭挂上了孩子自己制作的团扇和灯笼，一些家庭摆上了"闹钟"形状的赏月拼盘，家里布置焕然一新。微信群因此热闹起来，有点赞的，有祝福的，还有感恩的，节日气氛非常浓烈。第一次有这么多家庭一起过中秋，孩子们都十分兴奋。有孩子这样说道："我们大家团聚在一起，虽然没有吃到很多月饼，但在一起的感觉比吃月饼还要甜。"

肖老师的活动比较好玩，内容丰富，形式多样，吃喝玩乐等环节一应俱全，打破了中秋节只是吃月饼的传统认知。难能可贵的是，通过美术老师的指导，小朋友们掌握了一些专业技能，以此带动家庭中秋节节日文化的更新，增添了家庭的节日快乐，提高了节日生活的质量。结合肖老师这个活动，我们认为小长假生活要以过好节为前提，具体包括以下两个方面。

一是学校要加强节日教育。相比零散的家庭技能学习，学校可以开发系列节日休闲课程，开展节日知识、节日技能教育，最终引导学生树立良好的节日情感、节日态度。节日知识包括节庆由来、产生与沿革，节日技能主要是与习俗相关的技能，可能班主任老师不一定全会，但也可以向肖老师一样借助外力，如美术老师、音乐老师等，也可以借助有经验的家长资源。

二是家庭要营造节日氛围。中国节日主要是在家里度过的，要鼓励孩子在家庭中发挥引擎作用，创新和改变家庭节日生活的内容与形式，引领家庭文化的更新。一方面，引导学生自主策划家庭节日活动，这既是对学生的自主培养和锻炼，又是更新家庭生活的重要契机。成人的生活习惯比较固化，难得有新的节日冲动，因此可以鼓励孩子从单个活动、单个环节的策划开始，慢慢转向全活动、全过程的独立策划。另一方面，鼓励家长配合和支持孩子们的节日创意，为其提供物资保障、智力支持，甚至还可以开展过程分享，引导更多亲戚朋友进行自觉更新，有利于形成整体效果。

三、主题实践要提倡

节日主题实践，就是鼓励学生利用假期空闲，围绕节日主题开展多种形式的学科探究、社会服务等活动。这不但是深化节日主题的需要，而且是落实素质教育要求、弥补学科学习过多的重要举措。光明区爱华小学的缪志娣老师带班有一个特点，那就是特别重视主旋律教育。2019 年国庆节适逢新中国成立 70 周年大庆，是难得的好契机，她通过前期调查，根据学生意愿，将学生分成四个组，并布置了相关实践作业。

第一组：共梳国史。重点搜罗中国的近代历史，如从 1840 年到 1949 年之间的大事记，了解中国所受的屈辱和中国人民不屈的斗争，把这些史料按照年份用手抄报、PPT 的形式进行展示，尽量直观。

第二组：齐谈变化。组内有五人属于越南归侨后代，他们的爷爷奶奶是上个世纪 80 年代前后，因为越南"排华"运动，从越南被驱逐回来的。爷爷奶奶见证了新中国成立以来的变化，尤其是亲历了深圳的巨大变迁。这五人负责采访自己的爷爷奶奶，并拍摄采访视频。

第三组：同赞锦绣。本组中有三人家中有出行计划，一人去阳朔观山水，一人去福建赏土楼，一人去广州博物馆览变化。这三个同学主要负责介绍出行城市，拍下美景在班内分享。而其他同学则自行选择自己家乡的景点进行介绍。

第四组：共襄盛典。这一组的任务比较个性化。根据学生喜好，有的选择观看爱国电影《战狼 2》，有的选择观看国庆阅兵仪式，有的选择参加社区国庆系列活动，有的选择进行志愿服务等。每个学生须根据活动，撰写一篇活动感受。

国庆过后，缪老师组织了一次主题班会，请各组汇报假期实践成果。孩子们准备充分，汇报过程图文并茂，有声有色，赢得台下一阵阵掌声。特别是国史组陈述的悲壮与其他组展示的辉煌形成了巨大的反差，很好地激发了孩子们作为中国人的自豪感。

爱国是一个老问题，老师们花了许多时间和精力来开展相关主题教育，但效果一直不是特别理想，一个重要的原因是老师讲述过多，学生体验较少。缪老师利用七天黄金假期，鼓励学生以实践作业形式进行探究，让学生有行动有感悟，同时也丰富了假期生活，提升了假期教育实践的品质，值得提倡。结合这一活动，我们认为利用小长假开展主题实践教育，应注意三点。

一是多层次。要挖掘每个节假日包含的具体主题内涵，深刻理解该主题在不同年段的具体要求，并结合学生具体实际，开展有梯度的活动，避免重复。以国庆节为例，有教师就对小学一到六年级的国庆假期教育提出了系列主题，一年级主题是国旗、国歌，二年级、三年级主题是读史，四年级、五年级主题是了解爱国英雄，六年级主题是"我是小龙娃"①，有针对性，富有层次感。

二是多形式。即要发挥假期特点，鼓励多样化实践，以学生喜闻乐见的形式开展活动，如阅读、表演、访谈、观影、服务等。我个人特别推荐观影的形式，目前电影产品越来越多，几乎每个节假日都有相应的影片，如国庆看一些爱国影片，"五一"看一些有关普通劳动者的影片，春节看一些贺岁影片，都可以达到休闲与教育两不误的效果。

三是多学科。即要将假期实践活动与学科学习相融通，具体可以围绕一个节日，发挥多学科科任老师的积极性，分别从语文、数学、英语、美术、音乐、信息技术等不同领域布置相应的实践作业，既强化节日统整，提高学生节日认识水平，又打破学科之间的壁垒，减少作业低端重复，促进学生全面发展，何乐而不为呢？

四、研学旅游正当其时

光明区玉律小学的张银珠老师是个旅游达人，不但自己和家人热爱旅游，而且喜欢鼓励学生和家长外出旅游，开眼界，长见识。国庆前夕，张老师提议六年级学生自行组织一场集体旅游，要求时间短、花费少、有意义，得到了所有学生的热烈响应。

| 案 例 | 班级旅游招标会 |

孩子们从众多想法中选取出了三个方案：A 项目组的同学提议一起去

---

① 许嫣娜：《节假日：学生生命成长的节点》，《中国德育》2009 年第 9 期，第 49-51 页。

爬山，锻炼意志，体验生活；B 项目组的同学建议开展亲子烧烤活动，友谊亲情双丰收；C 项目组的同学提议参加爱心农场的活动，体验种菜农耕的乐趣，还能通过自己的劳动献爱心。在难以割舍的情况下，班级决定请这三个小组做出初步的活动方案，参与班级旅游招标会，最后集体投标决定。

招标会之前，全班共同商定了中标条件和会议程序。中标需满足以下四个条件：出游路线合理，适合全班同学参与；活动环节有序细致，安排妥当；活动费用不高，经济实惠；人员安排合理，安全可行。会议程序分为五个模块：三个项目组宣讲—全班同学质疑或点赞—评委会评标—评委会投标—宣布中标标书。

招标会上，三个项目组分别就出游策划方案、费用预算和人员安排等问题进行宣讲，根据现场同学提出的建议或质疑完善各自的旅游方案。三个项目组的活动方案，各有各的精彩，A 项目组活动突出体育锻炼，花费少，操作比较简单。B 项目组主要活动是烧烤，任务轻松，而且还会穿插游戏，比较好玩。C 项目组活动突出了劳动体验。一是体验种菜摘菜，这对于习惯于城市生活的孩子而言比较有吸引力；二是体验买菜做饭，孩子们先期购买食材，自行清洗烹饪，吃完饭以后还要打扫场地；三是体验实地卖菜，将摘下来的蔬菜拿到社区去摆卖，同时将卖菜的收入捐给爱心 U 站，具有挑战性。但没想到的是，大部分学生评委都将票投给了 C 项目组。大家觉得 C 项目组的活动安排有新意、有价值。

招标会之后，C 项目组迅速行动起来，结合其他项目组的优点与建议，改进了本组计划，最终在老师与家长的帮助下，圆满完成了爱心农场的研学任务，留下了许多美好的回忆，并为六年级的毕业季活动打下了良好的开端。

张老师的活动有两个亮点：一是内容有吸引力。对孩子来说，旅游显然是一件很值得期待的事情，他们渴望去不同的地方走一走、看一看。二是形式具有创新性。通过招标会，鼓励了学生对旅游活动进行细致思考、设计和组织，实现了研学的目标，促进了孩子们能力的提升。因此结合张老师这个活动，我们提出要利用假期，提倡班级的研学旅游。

《教育部等 11 部门关于推进中小学生研学旅行的意见》明确指出，中小学生研学旅行是由教育部门和学校有计划地组织安排，通过集体旅行、集中食宿方式开展的研究性学习和旅行体验相结合的校外教育活动，是学校教育和校外教育衔接的创新形式，是教育教学的重要内容，是综合实践育人的有效途径。因此，研学旅游其实并非简简单单的旅游放松，而是在旅游中的一种教育，是教育性旅游，有利于学生和班级的全面主动健康发展。如何做研学旅游呢？

一是发挥学生在研学旅游中的主体作用。要将学生作为策划、组织和小结旅游活动的主体。在策划方面，可以像张老师一样，组织类似的招标会，鼓励相互之间提建议，完善旅游方案。在组织方面，应该成立相应的项目组织，包括统筹组、交通组、食宿组、安全保卫组、摄影组、采购组和宣传组等部门。在小结方面，要对先进个人和部门进行表彰鼓励，对活动成果进行宣传推广，扩大影响，促进班级学生的二次成长。

二是发挥成人在研学旅游中的主导作用。旅游是一件相对复杂的工程，而群体性的旅游则更为复杂和艰巨，这对于小学生来讲难度较大，包括安全在内的各种事项，不是小孩子能单独应对的，因此必须有成人的支持和引导。首先是教师统筹。教师不一定要直接指挥，但一定要清楚全部流程，尤其对于一些关键节点要特别注意。教师绝不可以撒手不管全部交给学生，否则会有严重的安全隐患。其次是家长参与。应当在研学旅游活动前期充分征求家长意见，获得授权，然后动员家长以各种形式加入其中，起到保护和支持作用。最后是专业机构保驾护航。市面上这些机构良莠不齐，家长和老师一定要擦亮眼睛，精选有研学资质的正规机构，使其提供信得过的旅游产品和保险服务，这样才能保障研学旅游的教育品质。

组织学生一起旅行，既能给他们留下一段美好的回忆，又可以在旅途中启发他们反思过去，认识自己，更好地踏上未来的旅途，何乐而不为呢？

第三节　让寒假呈现快乐祥和

一、寒假该怎么过？

谨防孩子患上"寒假综合征"

　　春节假期虽然过去了，但寒假的"余额"尚充足。这几天，在北京儿童医院精神科的诊室里，就来了不少为孩子假期心理问题"头疼"的家长。北京儿童医院精神科主任崔永华春节假期过后上班第一天，就接诊了40多位患儿。

　　"崔大夫，我闺女过去不这样，一放假天天在家跟我们对着干，脾气越来越大！"王女士带着女儿真真来问诊，口气十分焦虑。

　　诊室里的少女显得有些冷淡少言，从王女士的描述中，崔永华了解到，从期末考试过后，真真就有些"反常"。"每天关着房门打游戏、上网，要好的同学邀约也不再出门。与父母几乎无沟通，吃饭都要送进卧室，稍不满意就'大发雷霆'、闭门不出。"

　　"您好好回忆一下，孩子是从什么时候开始出现情绪问题的呢？"在崔永华的追问下，王女士想起，其实，真真早在期末考试之前就出现了问题，只是当时他们的注意力都放在了学业上，所以忽视了心理问题的"苗头"。

　　"假期里，因出现焦虑、抑郁情绪来问诊的孩子特别常见。"崔永华说，这主要是因为许多学生在寒假中失去了上学时稳定的生活状态和作息规律，打破"平衡"使许多心理问题发展并暴露出来。

"她已经 10 岁了，这段时间胆子越来越小，晚上都不敢自己上厕所了！"坐在崔永华对面的五年级女孩林林，假期里突然变得胆小、粘人，让父母百思不得其解。

这几天，林林的情况从晚上不敢上厕所发展到白天不敢出门，不敢在家中无人的情况下独处，不敢照镜子……已经严重影响到了她自己和父母的正常生活。

"为什么不敢照镜子，你到底怕见到什么？""怕……鬼。"在崔永华的耐心引导下，林林终于吐露出恐惧心理的来源。原来，假期悠闲，在来家中做客的表哥的带领下，林林连续几天观看了网络上的恐怖视频。恐惧的情绪在自己的想象中日益"发酵"，逐渐发展成了现在的情况。

"由于过度上网和看恐怖视频都是家长平时'明令禁止'的，乖巧的林林怕受到家长责备，不敢把真实情况告诉父母。没有成人的及时引导，才发展出了较严重的心理问题。"崔永华说。[1]

目前，"寒假综合征"对于学生与家长来说，已经越来越不陌生。许多学生把寒假当作放松的假期，心想着辛苦了大半年，好不容易放假了，再加上春节等传统节日的加持，一些孩子便过起了黑白颠倒或者整日昏睡的日子。假期到头才发现一个寒假好像啥事没干，还得了假期综合征。这一现象的出现，说明了目前学生寒假生活呈现一种紊乱化的倾向，主要表现在两个方面。

一是个人作息紊乱。主要是假期学生的时间安排不恰当，加上春节期间的亲戚聚会，孩子的作息时间很容易紊乱，熬夜的现象比较多见，慢慢地形成恶性循环。这种循环在开学前会对孩子有比较大的冲击，如不及时调整，会影响正常开学的情绪和身体准备。案例中的女孩真真，就是因为作息不规律、生活状态被打乱而导致情绪问题的。

---

[1] 《北京儿童医院精神科来了不少"寒假综合征"小患者》：https://kd.youth.cn/a/LgQZ4WJbANVmqPr。

二是生活内容紊乱。寒假期间，大部分孩子会选择尽快把作业将就完成，然后空出大量时间来玩上学期间不敢玩的东西，如疯狂上网、熬夜打游戏、暴饮暴食等，容易导致身体不适。另外，因为监管不力，网络的不良内容也会对孩子产生消极的引导作用，这方面的案例在近几年比较多见，应该引起教师和家长们的高度重视。

寒假生活紊乱的倾向，有多种原因，包括社会文化、家庭影响。但不可否认，学校及教师缺乏对寒假生活特点的深入研究和有效引导，是其中一个重要原因。我们认为寒假并不是简简单单的放假，要把寒假当作特殊的学习与教育时空。寒假在时间上有近一个月，时间长，尤其还包括春节、元宵等传统节日，蕴含着十分丰富的文化元素，再加上传统的走亲访友等习俗，也为孩子们的多元交往打开了空间。这就启发我们，要把握寒假有利于教育的要素，在保证健康的基础上，促进学生快乐祥和地度过严冬，为来年的继续成长积蓄力量。

二、要坚持健康第一

2020 年寒假，突如其来的疫情闯入我们的生活，让我们感受到疫情之痛，也感受到了健康的宝贵。从武汉疫情开始爆发，光明区光明小学一（6）班的陈婷婷老师便积极关注疫情变化，时刻与班级师生和家长保持密切联系，并在第一时间将最新信息和防疫要求发送到班级微信群里。一段时间过去了，陈老师发现这些措施还不够，一些学生的防疫保护意识还不强，具体的技能还不熟练，怎么办呢？ 2 月 4 日，我们和陈老师一起策划了一次网络班会"健康自护我能行"，率先利用腾讯课堂开展了班级活动。

| 案 例 | 健康自护我能行 |

班会之前重准备。经过多次沟通，陈老师招募了五对学生和家长，他们分别承担了五个主题任务，通过学习、掌握相关技能后，用视频将其录制下

来，作为培训其他同学的素材。

班会之中重互动。2月4日晚上8点，班会正式开始。第一对母子负责介绍正确的洗手方法，孩子边示范边讲解："首先，我们要挤一些洗手液在手中。第一步，掌心搓掌心；第二步……"其他学生则在留言区补充，进一步提醒要用流动的清水洗手，不要忘记擦洗指甲背。第二对母子展示如何正确佩戴口罩。看上去很简单的动作，其实也有诀窍，就是要分清口罩的内外两面，要特别记得按压金属条。第三对母子介绍了打喷嚏、咳嗽时如何正确使用纸巾，如咳嗽时要注意用纸巾遮盖口鼻部分，咳嗽后要记得洗手等要求。第四对兄妹展示了如何拒绝外出邀请，他们用情景剧告诉大家，坚持居家的态度要坚决，拒绝邀请的方式要巧妙，表演生动形象，获得了观众们的一致点赞。最后一对母子展示了居家运动锻炼的各种方法，如阳台跳绳、转呼啦圈、仰卧起坐、自制小游戏，并现场对同学们进行了教学，让一些不会的同学产生了信心。其他同学也在留言区补充了踢毽子、拍球、慢跑等运动方式。

班会之后重实践。孩子们纷纷表达了学习体会，如懂得了病毒传播的方式，知道了运动的重要性。家长们更是表达了对班主任老师的感谢："让孩子们学到了在疫情中如何做到保护自己，在生活中如何养成良好的卫生习惯，我们家长也感受到学校对孩子们的关心爱护。"最后在班主任陈老师的引导下，大家还形成了约定，每天坚持运动打卡，争做健康自护小达人。

寒假本就是一年中气温最低的季节，对孩子的抵抗力有较大的考验，再加上春节期间特定的生活作息不稳定等特点，小学生容易出现一些季节性的疾病，不但影响身体健康，而且会直接影响个人和家庭的春节生活质量。试想一下，那种不时跑医院的情形，会在多大程度上影响大家过节的情绪呢？我们根据陈老师的活动，认为寒假生活教育应当坚持健康第一。

一方面是加强预防。要加强健康教育，提高自我保健意识，可以提供一些健康自查小工具给学生和家长，便于自我调节。如：

健康作息自测题

1. 在 9 点之前起床。

2. 有吃早饭。(早饭午饭并在一顿吃的不算)

3. 在中午 12 点之前搞定午饭。

4. 午后有不超过一小时的小睡时间。

5. 在晚上 11 点之前上床。(年三十晚上例外)

6. 连续盯着屏幕(电脑或电视)的时间不超过两个小时。

7. 总共对着屏幕(电脑或电视)的时间加起来不超过三个小时。

8. 每天做运动,时间累积一小时以上。[①]

另一方面是加强锻炼。可以建立班级运动打卡机制,以任务驱动方式鼓励学生加强锻炼;可以建立寒假运动小队,通过同伴的力量进行激励和支持,形成健康运动的文化与习惯;可以利用假期举行班级网络运动会,以竞赛方式达到促进学生运动的目的,并在其中起到增强班级文化、改善亲子关系等积极效果。具体操作也比较简单,每位同学根据参赛项目按要求把视频发给班主任老师,即可统计成绩,计算名次。

我向大家推荐线上亲子运动会的一些运动项目,如俯卧推积木、快乐足球、双人仰卧起坐、双人踢毽子、亲子跳绳等,既有锻炼性,又有娱乐性,非常适合于小学生及家长共同完成。有兴趣的老师可以搜索了解相关规则,在班级组织尝试。

三、要传承传统习俗

寒假之所以特殊,是因为寒假有一个春节,这是中华民族、华夏子孙最重视的节日,而春节中最重要的事情,莫过于过年吃年夜饭了。光明区爱华小学五年级的罗丹梅老师与同事一起设计了"晒晒我的年夜饭"活动,让我

---

① 岑文华,赵梦琦:《寒假的 N 种过法》,《中等职业教育》2010 年第 1 期,第 5–11 页。

印象深刻。

案　例　　　　　　　　　　晒晒我的年夜饭

寒假之前，给学生布置了"我的年夜饭"任务，要求学生至少要独立完成一道菜，给每一道菜起一个有寓意的菜名，并配上相关的寓意文化介绍，邀请家人试吃并给予评价，完成自己的"年夜饭食谱"。寒假过后，班主任老师组织美食分享活动，经初步推选和评定，共有 8 名学生入围了最后的年级展示活动。

首先上场的是"娇耳"，名字很陌生。待到学生展示后，大家才知道原来是北方常见的过年食品——饺子。这份饺子与众不同，是学生亲手包制出来的，小厨师还从家里带来一些馅料，现场邀请同学体验包饺子的过程，气氛很活跃。接下来有"红黄太阳"——西红柿炒蛋；有"年来了"——年糕；有"展翅高飞"——可乐鸡翅；有"团团圆圆"——汤圆。这些菜品被一一展示，色香味俱全，得到了高度评价。

学生们的介绍也很特别，如"鱿汁有味"这道菜，孩子这样介绍道："首先准备好鱿鱼干，把鱿鱼的牙齿拔掉，把鱿鱼竖着剪成一条一条的。温馨提示：如果竖着剪的话，跟纹理一样，剪起来更容易，吃起来更好吃哦！然后洗干净芹菜，切成一段一段的，注意切的时候要慢一点，小心锋利的刀。接着要洗干净大蒜，把大蒜也切成一段一段的。鱿鱼要用开水泡发，时间大概 5 分钟。最后，就是我大显身手的时候啦，鱿鱼爆炒十来分钟，再加入大蒜和芹菜段翻炒 3 分钟后出锅。这道菜叫'鱿汁有味'，寓意着我们这一年的学习生活不断进步，有滋有味。"

孩子们在这个活动中收获颇多，不但开阔了眼界，看到了不同的年夜饭菜品，更在此过程中促进了自己多方面的成长。有孩子很自豪地说："通过这次活动我学会了很多，不仅学会了做一道菜，还学会了如何买菜砍价，更没想到做菜居然这么有趣，我觉得自己有了小小的进步。"

观摩整个过程，我与其他观众一样，心情非常愉悦，既感慨孩子们的动手能力强，能够制作出如此美味的年夜饭，又为孩子们的创意点赞，那一个个妙趣横生的名字，不但惟妙惟肖诠释了菜品，更为节日增添了浓厚的氛围。这样的活动是成功的，它用一种巧妙的方式，鼓励学生去体验参与寒假中的习俗活动，增强了对传统文化的喜爱之情。我相信这样的寒假，对孩子而言是有趣的，是有价值的，因此班级应积极开展类似的习俗活动。

一是学习习俗知识。传统文化博大精深，是我们民族的宝贵财富，但随着现代社会的发展，尤其是西方文化的涌入，传统文化似乎遇到了一些冲击。寒假是传统文化活动最集中的时段，无论是腊月、过年还是元宵，民俗活动都非常丰富，而且南北各地差异较大。我们可以在班级中组织专题活动，鼓励大家把各自家乡的习俗知识进行整理，作为班级教育成果由大家共享。

二是掌握习俗技能。要依据不同年级学生的特点与需要，围绕年俗开发不同的实践作业，形成有梯度的技能系列，让孩子们常过常新，不断提高。具体可借鉴爱华小学的"新春系列"：一年级"诵春"，欢歌笑语迎新春；二年级"绘春"，画出春节那些事；三年级"贺春"，小小巧手送祝福；四年级"种春"，春天新芽我观察；五年级"探春"，我是春节小管家；六年级"品春"，新年习俗共分享。

三是鼓励习俗创新。随着社会的不断发展，文化也在不同程度上进行交融。这就要求我们不能完全固守传统，可以根据不同背景鼓励学生适度创新。以拜年习俗为例，在方式上，可以鼓励学生用文字拜年，用语音、视频拜年，甚至用"抖音"拜年。在对象上，除了常见的亲戚朋友，也可以鼓励孩子们向同学拜年，向师长拜年，包括向过去的老师拜年。在礼物上，可以鼓励孩子们自己动手制作原创红包袋，制作新型的祝福红包，还可以将用过的红包袋进行美化加工，制作成灯笼等装饰品，必定极富新意。

四、要传递亲情温暖

寒假，顾名思义是寒冷的季节，除了通过体育锻炼驱赶严寒之外，还能不能组织一些活动，为孩子们的心灵留下温暖记忆呢？2019年寒假，光明区光明小学的林小燕老师在班级里发起了一次"为爱编织红围巾"活动，作了一次很好的尝试。

案 例 为爱编织红围巾

林老师了解到班上许多孩子并不完全是爸爸妈妈带大的，而是由祖辈陪伴成长，与爷爷奶奶有很深的情感。如何发挥祖辈在教育中的作用，实现隔代互学呢？她大胆建立了一个编织项目组，计划依托一部分奶奶的特长，在寒假教孩子们织围巾。奶奶教织围巾是一件很新颖的事，很快吸引了十多个孩子参与。

教织围巾并不容易。奶奶们觉得十分简单的编织，对孩子们而言却困难重重，有的不知道织针往哪里插，线往哪里绕；有的左右手不协调，老是掉织针；还有的总是漏针或者多针。奶奶们一直重复示范指导，可孩子们就是学不会。麦同学及时提出建议："奶奶，您可以这样教我们，一织针插哪里，二怎么绕线，三干什么。"孩子的话语启发了奶奶们，她们一边琢磨，一边探讨，总结出口诀："一插下洞，二绕前线，三勾洞线，四放边线。"孩子们根据口诀慢慢找到了方法，奶奶则露出会心的微笑："原来会织，不一定会教啊！我从麦同学身上学到了做事要讲究方法，教编织也要编口诀。"

教与学总是相互的。其实奶奶们不单是教员，同时也是学员。奶奶们在孩子们的帮助下，学会了照相，学会了微信，还学会了语音输入法。她们在教学之余，拍摄了许多孩子学编织的相片，发在群里，还用语音输入对孩子们的作品进行点评。孩子们也在成长，当完成作品之后，孩子们的成就感甚至无法用语言形容，他们迫不及待地把编织技巧分享给家人。儿子教爸爸，弟弟教姐姐，女儿教妈妈，孙子教外婆，大家一起编织，乐趣无穷。特别当孩子把亲手织的围巾系在亲人脖子上时，大家感到特别幸福，红围巾成了冬天里最温暖的一道风景。

林老师的活动很小，但真的很温暖。一条小小的围巾，温暖了十多个家庭，温暖了整整三代人，并在不同的层面教育和发展了三代人，让孩子们学到了一项新的技能，也让老人体验到价值，真正实现了隔代共学互学。其中比较巧妙的地方有三个。第一是项目选择好，冬天织围巾、送温暖、祛严寒恰逢其时，而奶奶刚好又有这项技能，从而让项目具备了可行性。第二是实现了祖孙合作，编织围巾把亲子活动拓展到了祖孙三代，实现了家庭生活的生态更新，创造了家庭共同的亲情记忆。第三是创新了节日礼物，围巾赋予礼物以特殊意义，形成了温暖的家庭交往图景。我们认为春节是亲朋好友交流聚会的集中时段，应该多鼓励开展类似的亲情类活动，无论对个体的成长还是家庭的和谐、社会的进步都是有益的。

一要认识亲人。这个命题似乎有点可笑，但现实中的确存在大量问题。随着社会迁徙的加快，原本聚居在一起的亲人，不断地被打散分离，分居到不同的区域，以至于许多孩子只认识自己的直系嫡亲，稍远一点的叔叔伯伯阿姨，可能就比较陌生了，而其他更远的亲属可能就不认识了。我身边就有大量这样的事例，有时让人觉得很无奈。寒假期间，利用相互拜年的契机，组织相互之间的走动交流，是一个很好的寻根过程。如果再深入一点，鼓励孩子们用思维导图的方法绘制家庭树，厘清家族成员及亲属关系，同时附带上每个人的生日，相信效果会更好。

二要传递亲情。过年，以前多是长辈给晚辈发红包、送礼物，表达关心，但是时代在变迁，我们也可以创造条件，让孩子向长辈送祝福、送礼物、传递温暖。建议布置一些有意义的亲情作业，可以面向父母，组织父母职业体验活动，让孩子了解父母工作的不容易；可以面向长辈，了解长辈们的属相，知晓他们过往的故事；还可以面向全体家族成员，绘制家庭树，制作家庭相册，为家庭留下温暖记忆。

在中国人心中，亲情永远是一份难以割舍的情感，其本质是爱，是孩子们成长的精神源泉。因此要利用春节契机，鼓励孩子们真诚大胆地表达，相信在这个过程中，孩子会因为付出爱而收获更多的爱，在亲情中获得更温暖的成长。

第四节　让暑假引领自主进取

一、暑假作业真的有用吗？

案　例	**不一样的国旗下讲话**

暑假终于结束了，我们的作业布置也会正常起来。是的，上学后每天的作业会正常起来，就是每天老师会根据我们的所学而有控制地布置作业。但是在刚刚过去的暑假，学生们在放松消遣的同时也迎来了各科老师丰厚的"礼物"。

丰富多彩的暑假作业保证你做 51 天不重样。我们今年的暑假作业丰厚得让我们"欣喜若狂"。粗略数了数，有总计超过七千字的作文以及各种各样的摘抄翻译。不仅如此，还贴心地给我们布置了许多帮助我们巩固知识的各类题目等。

作业是帮助我们温习旧知，熟练方法，自主探究的。大千世界眼前过，只留作业伴己暗神伤。这样真的好吗？

我们学校的作业有个特点，总喜欢让我们写很多的文字，一个暑假过后，就可以做一部文集了。这些作业如果单独拎出来看，其实都是一些很好的很特别的作业，可一旦它们合在了一起，那就不好玩了。学生会把心思全部放在怎么完成，而不是怎么完成好这些作业上。那么，为了按时完成作业，学生会选择敷衍了事，或者上网复制抄袭。而老师学校原本希望大家自主探究的初衷也就因为这样布置作业而没有办法实现。

学校希望给予我们多元的环境，而多元不单调的作业也是非常重要的。

今年的暑假作业，老师是十分用心的了，我们也能充分感受到老师对我们成才的迫切。可这样的作业的确让我们心力交瘁，把所有精力都放在作业上，忽略了身边的美好，忽略了父母的爱、同学的友情与美丽的大自然。

还有一点就是：假期作业有一个问题就是各学科间连接性不强，总是各出各的作业，而且都希望学生在自己科目上多用些时间，每科都是如此，那作业自然就多了，受累的还是学生。我觉得，以后可以统筹各科目联合出作业，可以以一个大课题的形式，这样既保证了各科都能得到练习的时间与机会，还可以兼顾学生作业量与完成效果的问题。这样何乐而不为呢？

总之，作业这种东西有时候多反而无意义，少而精才是正道。[①]

这是广州市中山大学附属中学初二年级李西涵同学国旗下的讲话，引起了社会的热议。这篇文稿虽然是讲初中生的暑假作业，但其实小学生未尝不是如此呢？只不过没有小学生能如此痛快淋漓地写出来、说出来而已。从这篇发言稿可以看出，这种量大而低效的作业不是个案，而是普遍存在于现今各中小学中，被孩子们普遍反感的。我曾经翻看某小学生的暑假作业，发现从一年级到六年级都是同一个出版社编印的《快乐暑假》，章节编排都是先语文再数学后英语，内容方面无一例外都是常见习题。我再回想自己读书时，好像也差不多，只不过以前署名更直白一些，就叫《暑假作业》。我很奇怪，这么多年过去了，社会经济文化环境发生了巨大改变，这些暑假作业为什么永不过时？显然，暑期生活存在一些浅表化的倾向。

一是作业含金量低。纵观各校普遍流行的暑假作业，绝大多数是学科学习的内容，具体形式上也是以纸笔书写为主，其基本出发点是让学生暑假有事可做，不至于沉溺于玩耍，荒废了学业。学校的出发点没错，但是过分重视学科学习的做法是不恰当的，弱化了暑期生活特有的育人价值，没有从全面育人的高度来对待暑假安排。另外，学校尽管布置了各种暑期作业，但新学期开始由于各种原因，包括开学工作的繁忙、学科教师的更替、新授课任

---

① 《这些作业真的有用吗？》：https://www.sohu.com/a/339706955_692994。

务的叠加，大多数老师对学生作业的要求只停留在是否完成上，并不重视完成的质量。很多老师甚至只是简单翻阅，就当作检查完成了，这种只布置不检查的作业，含金量非常有限。

二是学生自主性低。绝大多数暑假作业是老师等成人事先设计好的，学生在作业方面没有自主权，只能被动地接受。另外，由于教师布置的作业量越来越大，再加上家长和校外培训机构布置的学科性作业，毫不夸张地说，写作业成了学生暑假的重要内容，严重挤压了学生的自主活动空间，所以许多学生对暑假作业采取了应付式的态度，只求完成，不求做好。

我们认为暑假生活应当回到人的生命成长背景，把暑假当成学生成长的特殊时空。李家成教授认为寒暑假是有别于家庭、社区、学校的"第四教育世界"，暑假的最终归宿是学生需要学会成为自己的主人。[①] 暑假是学生自主、全方位实现成长的重要时期，因此我们要从促进学生自主发展、丰富教育内容、拓展教育过程等方面入手，变革学生的暑假生活。

二、要学会自主策划

光明区光明小学的曹欢老师带了一个五年级的班级，孩子们普遍阳光活泼，特别是经过几年"新基础教育"的洗礼，学生的自主策划、组织活动的能力有较大提升。暑假快来了，她先作了一个调查，了解到孩子们过往的暑假生活质量不高：学科作业太多，活动时间少；父母安排为主，活动形式单一；玩伴不多，活动范围较窄。于是曹老师提议班级同学自行组织小队，自行安排活动，得到了同学们的响应，也获得了家长们的支持。

> **案　例**　　　　　　　　　**我的暑假我规划**
>
> 同学们很快组建了五个活动团队，还初步拟定了各种活动方案，包括时

---

① 李家成：《创生"第四教育世界"："你好，暑假！"项目的价值追求与教育实践》，《教育视界》2017 年第 6 期，第 19–22 页。

间、地点和内容要求，为了更好地完善优化，曹老师专门组织了"暑假彩虹计划策划会"。

学习后援团是一群爱学习的孩子，他们希望在假期开展"同读一本书"的活动，同时做一些学科暑假作业。他们活动的时间是每周三14点到17点，地点是光明区图书馆，主要阅读文本为《水浒传》《追风筝的人》等，在这方面，孩子们提的意见比较少，只是建议要劳逸结合，可以适当穿插一些文体活动，放松身体。

夏日运动队主要是一群爱运动的小伙子，他们计划在学校篮球场和体育中心游泳馆开展三个项目的学习：游泳、足球、篮球，时间为每周一到周五的15点到17点。这些活动引起了同学们的兴趣，大家纷纷提出了建议，如每周五天时间过于密集，可以适当疏散；三个项目的练习容易分散力量，建议减少项目集中进行；应适当学习临时卫生救护技能，会做一些运动损伤的紧急处理。

DIY手工坊人数最多，这是一群女孩子组成的大组，她们分别开展手工和美食制作。手工包括制作手环、丝网花、流沙压板等作品，美食包括布丁、饼干、巧克力、雪糕、凉粉等。她们安排充分，有相应的时间、地点，甚至还有专门的辅导老师、家长义工。大家在食品安全方面提出了一些很好的建议，也为手工作品的流通想了一些金点子。

另外还有秀逗环卫连、踏实本领组，前者主要是集中开展垃圾分类引导服务，后者主要是组织学习魔方、学习做美篇、学习录制和编辑视频。大家也有针对性地提了一些建议，增强了方案的可行性。五个小组一展示完，孩子们的兴趣就更浓了，纷纷表示在时间允许的情况下，还希望能参加其他小组的活动。

本次策划活动不仅打开了孩子们的视野，也打开了我们教师的视野，跳出单一的家庭限制，自主组建团队可以为孩子的暑期生活提供无穷尽的选择，为孩子们自主发展创造更多可能性。因此从这个活动出发，建议老师们要相信学生、发动学生，鼓励他们发挥集体智慧，策划出更丰富、更适切的假期生活内容。具体组织学生的自主策划，要做好以下工作。

一是充分授权。闲暇教育的最终目标是实现人的闲暇素养与闲暇能力的整合发展，造就与现代社会相适应的"占有闲暇时间的主体"。[①]因此，要把学生当作假期生活的主人，必然要求在假期具体任务上，要多听从孩子们的意见。一些作业是学校统一定制和要求的，可能无法回避。但在此基础上，应鼓励孩子们以个人或集体名义设计个性化作业，形成统一与个性相结合的作业体系。相信这些孩子们自行制定的任务，其完成质量一定会更高。

二是给予必要指导。小学生获得自行策划假期的授权后，不等于他们能马上掌握这些技能，能马上策划好活动。他们需要班主任老师提供必要的指导和工具，比如问卷调查的设计，能让学生掌握一些前提性的资料与信息；比如说表格式的假期计划，能让暑假活动更清晰，而且便于评价反馈，符合小学生的特点。

表 10　学生假期计划表

(一) 我推荐，我分享			(二) 我观察，我思考		
项　目	名　称	推荐理由	项　目	名　称	我的思考
我推荐的一本书			我观察到的一个社会现象		
我推荐的一部影视剧			我发现的一个家庭变化		
我推荐的一项实践活动			我感兴趣的一条新闻		
我推荐的一个运动项目			我最感兴趣的一项年俗		
新的一年我最想学的本领			我压岁钱的用途		

---

① 张健：《关于闲暇教育若干问题的思考》，《自然辩证法》2006 年第 9 期，第 92-95 页。

三、要组织动态跟踪

假期生活有一个特点，就是学生与老师分散在各地，无法在一个空间聚集和交流，为假期实践的推动带来了困难。怎么办呢？利用互联网可以打破时空界限，实现动态跟踪，这方面光明区爱华小学的吴娜玲老师提供了较好的经验。

案 例 　　　　　　　　　**我们的暑假生活圈**

"我的暑假我做主"。吴老师在假期前与五年级的孩子商量，确定了作业清单，要求完成假期阅读、书法、运动和其他个性项目，并最后汇总成个人"暑假写真集"。暑假开始了，孩子们却没有立即行动起来，这让吴老师有些着急，她意识到仅仅上交最终的"暑假写真集"是不够的。活动既要注重成果，也要兼顾过程，才能在师生、生生交往中提升价值。网络圈子的概念启发了她，何不建立"互联网＋暑假生活圈"呢？也就是依托互联网平台，建立小圈子，利用同伴之间的激励、督促，增加孩子们暑假生活的互动性。

"我的圈子我打卡"。各个小组各出妙招，将暑假分散在五湖四海的组员们凝聚起来。植物观察组采用日志方式，将培育的小植株、小动物成长轨迹记录下来，密密麻麻的数据显示了学生的细心；运动健身组采用图文结合方式，将学习跆拳道、游泳、绘画等课程点滴收藏，既交流提高技能，也培养总结反思习惯；夏令营组采用美篇方式，制成文学采风集、少年特警训练集，每天及时整理感悟，收获了精神成长；美食小组采用"爱剪辑"软件，将组员制作的小视频——品尝光明乳鸽、制作七彩布丁、寻访本地越南归侨特色早点（肠粉、长粽、黄金扣肉等食物），汇总成纪念册，有笑声有汗水……

"我的生活我创造"。在这个过程中，有的小组改变了平台，由QQ群打卡转换为微信群打卡，让惯用微信的家长们也参与到活动中来；有的小组改变了方式，由每天记名表扬转换为表格打卡登记，化繁为简，数据一目了然；有的小组改变了工具，由每天连续刷图、上传小视频更新为用"美图秀秀""天天P图"等软件发布动态，节省了储存空间，提高了推广效率。慢慢地，通过大家的共同努力，班级的暑假生活圈呈现出勃勃生机。

吴老师组织的活动，不像其他暑假作业只有要求和结果，而是用动态跟踪保证了过程质量，促进了学生和班级的真实发展，给我们提供了很好的经验。

一是保持主动意识。首先是教师本人要有主动跟踪的意识。我见过许多班主任，他们认为暑假是放假，是师生休息的日子，应该完全与工作拜拜。我觉得这种一刀两断的切割是有害的。因为教师工作的特点决定了我们要以学生成长最大化为归宿，并不存在绝对的教育真空。因而建议老师在休假之余，对假期中的学生和班级要保持适当的关注，无论对孩子还是对自我的成长都是有意义的。其次是提醒学生和家长要有动态展示的意识。既要把学生做过的实践活动即时留痕，与他人分享，也要及时关注同学的动态，取长补短，及时更新自己的活动安排，这是一个多赢的结果。

二是使用网络工具。工欲善其事，必先利其器，要实现学生活动及作品的及时分享，可能需要师生共同学习，掌握一些必备的常见网络工具。首先是平台工具，要利用家长的帮助，让学生学会使用微信、QQ、抖音等，因为这些平台用户多、传播快、影响面较大。其次是图片与视频制作工具。目前网络传播多用直观性的图片与视频，这符合网络时代人们阅读分享的特点，针对孩子们年龄小的特点，可以教授一些简单易学的小软件，最好是在手机上就可以拍摄制作修改完成。再次是一些打卡签到的小工具，这方面的微信小程序特别多，包括打卡、在一起打卡、接龙管家等，使用这些工具往往需要建立一个圈子，然后所有人动态可见，十分方便，极大地减少了老师的工作量，特别值得推荐。

四、要全方位展示评价

相对于传统作业只查不评，我们提倡大力开展暑假实践成果的展示评价，让评价充分发挥引导性、教育性。这方面，光明区爱华小学的李燕红老师与二年级的同事作出了很好的榜样。

　　我们在假期前给二年级学生布置了一项实践任务，就是制作"夏天创意画"，要求孩子们围绕"缤纷夏天"的主题，选用常见材料，制作成创意画，如豆子画、贝壳画、植物画、纽扣画均可。开学前，孩子们交上了多种多样的作品，如何挖掘这些作品的价值呢？经过学校和年级的讨论，我们准备进行三个阶段的展评，首先是班级评选，再是年级评选，最后推荐年级优秀作品到学校展评。

　　班级评选注重人人参与。班级展评会上，我们让每个孩子上台讲解自己的作品，其他小朋友积极为别人的作品进行点评。如李同学上场了，他拿着自己的作品，骄傲地告诉大家："我的作品名称是《心心相印》，你们看出来是什么小动物吗？答对啦，就是两只小鸡，我用两个矿泉水瓶做小鸡的身体，用西瓜籽做小鸡的眼睛，然后用树叶做小鸡的尾巴，希望表现出两只小鸡生活在一起相亲相爱。你们喜欢我的作品吗？"大家表示很特别，很漂亮，让李同学很自豪。

　　年级评选注重班际交流。每班把票选出来的优秀作品展览在班级走廊里，供同年级的孩子欣赏和投票。我们常常看到孩子们下课之后驻足观赏，和同伴一起讨论各班的作品，为优秀作品点赞。我们也派出了年级小助手，由他们一一统计，评选出年级的"最佳创意画""最佳材料奖""最佳合作奖"，然后在年级召开小型的颁奖会，一个个小小的奖励，让孩子们非常满足。

　　学校展评注重多元参与。除了专业的美术教师评分，我们还引进家长群体，实现评价主体的多元化。每个班级邀请五位家长参与活动，评出自己心中的好作品。我们看到家长们在活动中有着不同的变化，越来越多的家长改变了对单一书本学习的看法，更加重视孩子的动手能力。有的家长说道："二年级的孩子，能有这样的想象力，我很佩服，下次有这样的活动，我也要积极参加，和我的孩子一起完成作品。"

从班级、年级再到学校，三级连续性的评价，不仅展示了孩子们的画作，而且展现了一个个生动的生命个体，我们可以感受到孩子们在这些展示活动中所获得的荣耀和满足。评价是指挥棒，因此，在暑假生活中要特别重视评价对活动的引领。

一要鼓励成果梳理。我们对活动评价往往有一种误区，就是口头表达加口头评价。前者是学生说自己做了什么，后者是老师口头点赞和表扬，优点是及时，但问题是口头对口头的评价过于空泛，不具体，不直观，不好保存。因此要花力气鼓励学生对暑期成果进行具体梳理，尽量实现可视化。可以是图片、视频作品，也可以是 PPT、美篇，更提倡实物性的报告、产品，这可能要消耗比较多的时间，但是这对于学生思维的明晰、成果意识的强化是有帮助的。对此，学校可以给学生提供一些模板性的工具，这对学生梳理成果是有帮助的。

二要建立多元评价。当学生的假期成果海量涌现出来以后，学校应创造条件，让这些成果得到展示和表彰，进一步放大成果价值。江苏省常州市龙虎塘实验小学在假期生活建设及成果转化方面比较突出，他们在 2016 年开始举办暑假学生成果展示活动，包括各年级"暑期幸福作业秀""幸福作业最佳团队"年级海选，以及各班"我是幸福生活小创客"等，获得了全国同行及专家的高度肯定。[①]后期他们还将展评会发展成假期生活成果展销会，并邀请学生家长、学校科室、社区单位、政府机关等部门参与博览会，甚至购买学生活动成果。比如学生画作可以作为学校墙体布置的展品，学生研究报告可以作为政府工作参考资料，学生视频可以成为电视台的新闻素材。如此等等，极大地盘活了多方资源，促进了学生假期生活的积极性。

另外，要形成稳定机制，要让假期成果展示与评价成为一种惯例，将时间、形式基本稳定下来，以此成为学校、班级学期初生活的重要内容，相信会更好地引导学生自觉开展假期活动。

---

① 吕珂漪，顾惠芬：《重建学生的暑假生活和学期初生活》，《班主任之友（中学版）》2016 年第 12 期，第 4-7 页。

第五章

成长仪式日生活育人

仪式有许多类别，本书的成长仪式与常规的公共节日礼仪、庆典不同，是特指在孩子成长过程中举行的仪式。相应地，成长仪式日就是举行成长仪式的特定日子，是孩子成长过程中的重要节点，是成长中值得纪念的日子。提炼并发掘这些特定日子的教育功能，其意义是不言而喻的，我们的教育会因此而充满诗意，我们的孩子也可能会在成长的过程中更加自主，更有力量。

　　根据小学生活实际，我们将学生成长仪式日活动分为生日活动、组织仪式、学业仪式、综合庆典，聚焦主体性、礼仪性和系统性，尽力开发成长仪式的教育价值。

第一节　让生日活动具有发展性

一、孩子生日该怎么过？

　　　　　　　　　堪比婚宴的生日派对

　　"亲爱的伊涵同学，欢迎您参加我的生日派对。请在周六周日两天选择参与，以便我们分场次安排。"这周，在徐汇区读小学二年级的小伊涵收到同班同学的生日派对邀请函。小伊涵很兴奋，但妈妈陆女士却犯了愁："这次是邀请我们去迪士尼开派对，价格不菲，不知道该送什么生日礼物才配得上这样的生日宴。"

　　去迪士尼办生日派对12个人14888元，自助餐厅包场30人16888元……给孩子办生日宴，早已不是什么新鲜事，但随着生活水平提高，孩子的生日宴不仅项目繁多，档次也水涨船高，有的生日宴还提供包装精美价格不菲的"回礼"。有些家庭甚至每年要给孩子办一个生日派对。

　　"我小时候过生日，就是妈妈煮个鸡蛋，下碗面条，如今同学邀请女儿去，总不能空手，去迪士尼这样的地方过生日，礼物又不能太寒酸。"陆女士透露，"为了商量准备生日礼物的事，我们20多个家长特意建了个微信群。经过一番讨论，最后结论是：至少按照500元钱的标准买。像我们这样的普通工薪家庭，这是一笔不小的开销。"

　　在收到邀请函后，陆女士在家长群里吐槽：这个学期已参加了四次生日派对，也送出四份价值不菲的生日礼物。这样一个话题，马上在家长群里引发小调查和大讨论。不少家长说，以前同学生日请吃蛋糕，那就送一个文具或玩具作为生日礼物，现在搞派对，没有个 100 多元的礼物根本拿不出手。还有一位家长无奈地表示："有个同学在五星级自助餐厅举办生日宴，孩子们'众筹'了一个价值 2000 元的大乐高积木作为生日礼物，还给小寿星妈妈送了燕窝。"①

上述生日案例的确让人深思。我不禁想起自己小时候的生日，那时候妈妈总会在这一天给我准备一碗鸡蛋糖水，里面有两个鸡蛋，偶尔还会有几颗红枣，既好看又好吃。特别是妈妈递给我筷子的时候，不忘叮嘱我一句："一双筷子加两个鸡蛋，吃完以后，读书就要考一百分。"很简单的仪式，没有伙伴，没有宴席，但让我记忆犹深，并且激励自己不断努力。相对而言，今天的生活条件好了，孩子们很少像我们那样朴素过生日了，出现了多种多样的生日聚会、生日宴会，还出现了上面提到的极端例子。据我观察，这种生日派对不单让家长烦心，也让孩子比较烦心，没有起到应有的成长促进作用，甚至还起到了不良的负面影响。我们认为，目前小学生生日活动有一种庸俗化的倾向，具体表现为两个方面。

一是形式俗。纵观各种报道出来的学生生日案例，我们总体上可以发现，大多是以吃为主，吃蛋糕，吃大餐，甚至在大饭店吃宴席。除了吃就是送礼物，生日礼物的价格也是越来越昂贵。这其实是模仿成人的生日活动，是一种庸俗化的生日过法。

二是反教育。这些生日活动不但造成了物质和金钱的浪费，而且还会在孩子之间造成相互攀比的不良习气，大家不以学习为荣，反而会津津乐道于谁的生日排场大。这在价值观引导上实质上是反教育的，非但没有发展出积极健康的生活方式，反而会造成追求享受的不良思想。特别是那种大肆花钱的宴会，还会导致孩子对父母劳动和金钱的漠视，不利于培养感恩意识。

① 《花费动辄超万元　小学生的生日派对究竟是爱还是害》：http://www.xinhuanet.com/politics/2019-04/04/c_1124326868.htm。

庸俗化的生日攀比有多种原因。首先是孩子自我意识不强，容易模仿他人。受其年龄的限制，学生无法对复杂的生活现象进行有效判断，在感性、热闹中容易迷失自我。二是家长的教育理念不当，溺爱问题突出。当前各个家庭孩子数量总体上比较少，尽管二胎放开，但独生子女的现象仍然十分普遍，在经济条件允许的情况下，家长很可能为了孩子的一时感受而不吝惜金钱。三是学校专题教育不足，缺乏必要引导。教育者对生日本身的意义挖掘没有进行认真思考，对一些优秀的生日教育案例缺乏发现、整理和推广。

生日，是孩子成长过程中的重要节点，不仅包含了"孩子生日就是母亲受难日"等感恩教育的潜在资源，而且是孩子对过去一年进行反思，对未来一年进行规划，加强自我教育的良好契机。因此，生日具有丰富的育人价值，需要家校合作，共同发挥教育作用。

二、个体生日：形成独特记忆

生日对于每个人来说都有特别的意义，代表着某种十分特殊的情感。如何利用每个人的生日契机，在不奢侈、不浪费的前提下，真正起到促进学生发展的目的呢？具体实践中，也有不少人贡献了宝贵的经验。

案 例　　　　　　　　　　　**独特的生日贺卡**

光明区高级中学的李凤姣老师是个高中班主任，带的学生全部住校。这样势必带来一个问题，如果学生的生日在周一到周五之间，就只能在学校独自庆祝，甚至没有庆祝，想想都有点可惜。李老师敏锐地抓到这一点，她想从生日这个点切入，推进班级文化建设，同时促进学生发展。因此，她选用了一个独特的生日庆祝仪式，即在每个学生生日当天，利用晚自习前十分钟时间，为学生开一个短暂的专属生日会，送一份专属的电子贺卡，唱一首专属的生日快乐歌。其中最重要的当属教师用心制作的电子贺卡。

赠蒋奇志：

奇兵出少年，三年一剑待磨砺；

志向存高远，天高地阔翔云端。

祝林静銮：

象牙塔静候美丽主席，

金銮驾恭迎七彩凤凰。

祝曹佩灵：

佩玉长裙下凡尘，

灵质慧心显仙姿。

赠吴姿姿：

天姿风姿娇姿姿态万千，

文才口才雅才才貌双全。

赠陈晓玲：

陈门有女初长成，小家碧玉身玲珑。

任劳任怨性纯和，温柔娴静惹人怜。

是的，这是一些藏头联，十分巧妙，把孩子们的特征概括得惟妙惟肖，又根据学生实际提出了跳一跳就能摘得到的目标，既隐含了对寿星的祝贺，也表达了对寿星学习与生活的美好期待。特别值得一提的是，这些对联还有非常美好的感情和意境，对名字进行了非常好的解读，值得每一个人用一生去收藏。

到了李老师本人生日了，孩子们也很巧妙地送上了一份贺卡，表达了感恩，同样也是意味深长。

赠李凤姣老师：

明月凤歌歌佳节，

清风姣舞舞团圆。

教师，真是一份以情换情、以心换心的职业。教师在孩子生日时送出一份独特的心意，在自己生日时又可以收获同样甚至更美好的情意，这可能就是教师独特的职业幸福吧。回到生日主题，李老师虽然不是小学老师，但是她的生日礼物却可以给小学班主任诸多启发，那就是认真对待学生的个体生日，让学生留下独特的成长记忆。

一是注重"每一个"。每一个孩子都有生日，不应该被忽视。老师要不分彼此，不分优劣，把每一个孩子的生日都记在心上，为每一个孩子庆祝。我们不能以工作忙、事务多为由，而忽略孩子们最珍视的东西。其实无论古今中外，好的教育都是类似的，都是从孩子们的需要出发，施以适当的引导。

二是关心"这一个"。全体是基础，但在基础之上，还要注重特色，因为每个人的具体需求是不同的。这就需要教育者把握每个孩子的年龄、性别、爱好等特点，有针对性地送上相应的礼物，达到引导的目的。除了旧体对联，我们也可以选择一些现代诗，如有一个调皮的男生，老师送他如下一首小诗，效果就很好：

有一个小男孩／他有一些调皮／有一些任性

他喜欢看书／常常忘了吃饭

他喜欢演讲／常常口若悬河

当他控制不住自己／去招惹别人时／其实只是为了找个朋友／陪自己一起度过孤单

其实他还是个热心肠的好孩子／为朋友两肋插刀／为老师尽心尽力／为父母付出全部／

希望你们都能够／看到他的闪光点／让他变得更加优秀[①]

三、集体生日：引导友好交往

光明区光明小学的陈胜男老师是长期带一年级的优秀班主任，知道孩子们特别喜欢过生日，因而在多年的教育实践中，形成了一套行之有效的生日

[①] 杨文萍：《生日小诗，见证生命成长》，《班主任》2019 年第 11 期，第 29 页。

教育模式。我曾经有幸观摩过她在班级中举行的一次生日活动。

　　　　　　　　　　　温馨的集体生日

　　一进入教室，我就发现整个教室充满了浓浓的节日氛围。黑板上用彩色粉笔绘出了各种图案，"生日快乐"四个大字宣告了今天活动的主题。天花板上悬挂着各种气球，让教室洋溢着快乐；还有那穿戴一新的孩子，每个人脸上都充满了期待与兴奋，分明在宣告盛大派对即将来临。

　　活动一开始，老师出示了六张个人海报，生动明亮、朝气蓬勃。果然这六位孩子就是本次生日活动的主角，他们的生日都在本月，都是七岁。主人公被请到前台，巧手小队向寿星们献上了第一份生日礼物，是孩子们亲手制作的小寿星帽。孩子们模仿蛋糕店的式样，做出了颜色不一样的作品，轻轻地戴在寿星们的头上，寿星们更加神气，更加漂亮了。第二份礼物是生日贺卡，同学们把各种颜色的卡纸做成了贺卡，样式不一，有的大而艳，有的小而精，尽管不像外面卖的贺卡那样美观大方，但是每张贺卡都承载着孩子们的真诚祝福。第三份礼物是艺术小组的模特走秀，他们为寿星们排练了有意思的模特秀，尽管没有 T 台，没有红毯，但丝毫不影响孩子们的表现力。其中一些搞怪的孩子，用独特夸张的姿势引起了大家的哈哈大笑，为生日增添了更多喜庆。最后一个节目是歌唱小组的歌伴舞《蓝精灵》，传递了良好祝愿，希望寿星们像精灵一般聪明可爱，非常温馨。

　　最后一个环节，老师还请出了一位神秘嘉宾——数学老师王老师，她的生日也在本月，王老师跟同学们一起吹灭了蜡烛，共同切开蛋糕，大家一起在品尝美味中结束了集体生日活动。

　　陈老师的这个活动时间不长，环节也很简洁。但在过程中，所有师生情绪都很饱满，六位寿星和家长都表示收获很大，而送出礼物的同学也很自豪，因为他们自己亲手做的贺卡、自己排练的节目，得到了大家的喜爱。整个活动充盈着感动与美好，比单纯邀请同学参加某个人的生日派对更朴素，但更有意义。因此，我们建议班级中多举行这样的集体生日，鼓励学生相互之间加强交往。

一要化零为整，突出集体。陈老师这个活动有一个很大的亮点，就是六个同学与一位老师一起过生日，这是一件很有意义的事情，值得回味。一个班有 50 多个孩子，让每个孩子都过生日，有两种方法，一种是让每个孩子都过一次班级生日，这样相对费力费时；另外一种是过集体生日，以一个月为单位过集体生日，这样相对容易组织。我建议多采取第二种方式，可以具体统计出每个孩子的出生日期，就很容易进行组织，而且每个人都有专属的生日伙伴，想想都是一件有意思的事情。

二要以点带面，注重交往。要以生日为契机，拓展多方面的交往。首先是引导同伴交往，正如案例中陈老师用礼物作为契机，鼓励孩子们分别用自己擅长的方式进行表达，既加强了每个学生的动手实践能力，又在赠送礼物、表达祝愿、反馈致谢中，加深了双方的情感，对学生也是很好的礼仪教育。其次是鼓励师生交往。在本案例中，数学老师的参与是个亮点，但如果能在此基础上，也给她赠送学生制作的生日礼物，会进一步强化师生情感，突出教育意蕴。

四、十岁生日：鼓励系统实践

相对于常规生日，十岁生日是一个特殊的日子，这是每个人人生中第一个两位数生日，意义重大。如何引导学生通过十岁生日增强自主性，体验成长感，从而对未来有更多主动健康的追求，是我们思考的一个话题。光明区玉律小学的徐英老师作出了很好的探索。

案 例	我的生日我做主

徐老师带的四年级学生，天真活泼，阳光向上，曾被评为全国动感中队。适逢学校四年级要举行十岁成长仪式，班级同学就提出来想创造一个属

于自己班级特有的十岁成长礼，徐老师觉得这是一个难得的自我教育契机，于是欣然同意，并引导孩子们作了充分的前期准备，如让学生制作"家庭树""十岁成长清单"，完成"写给爸爸妈妈的话""心愿卡"等。在这些前期工作的基础上，为了进一步细化和完善生日会的具体流程，徐老师又组织了一次有针对性的协调会。

宣传部展示了自己的海报，希望张贴在校园宣传栏处，告知和吸引更多的同学关注和参与；有同学建议要多向三年级的同学宣传，帮助他们明年更好地开展活动。后勤部汇报了相应的场地布置、道具准备，现场展示了一些迎宾的礼仪；同学们对其中的道具进行了一些补充。表演部的同学围绕集体朗诵的文本进行了讨论，对表演学生、主持人进行了招募，还对节目排练提出了要求。

最后上场的是统筹组，他们展示了十岁生日会当天的活动节目单，特别强调重头戏是成长仪式"知书达礼"，即请爸爸妈妈站在孩子身边，用手上的梳子为孩子们梳十次头发，一梳健康，二梳平安，三梳知书，四梳达礼……十梳幸福，以此表达良好的祝愿。但是有同学对此表示了质疑，认为爸爸妈妈帮这么大的孩子梳头，有点让人难为情，引起了很多同学的共鸣。这是最重要的环节，怎么办呢？大家马上集思广益，决定将"知书达礼"环节改为"投放心愿瓶"，即每个人用彩纸写下未来两年的成长愿望，折成星星形状，统一装进一个密封的玻璃瓶中，最后埋在校园的大树下，待到六年级毕业典礼前打开，看看愿望是否实现。这一提议新颖而且有成长感，颇具期待性，大家一致同意。

后期庆典活动我没有参与，但我相信这个由学生自主策划、自行组织的活动一定十分精彩，让学生十分难忘。因为这个活动充分体现了学生自主的特点，符合十岁孩子的年段特点和成长需要。因此，结合这个活动，我认为十岁生日应鼓励学生自主实践。

一是倡导系统思维。十岁是个大生日，是孩子们成长过程中的重大节点，不能仅仅依靠一个生日仪式草草收场，需要有整体思维，即围绕生日会这一节点开展"前移后续"的活动。"前移"就是要围绕生日会的筹备，让孩子们充分进行策划、讨论、动员，甚至还要开展有关十岁的相关教育课程，让同学们达到十岁的成长标准；"后续"就是要在生日会上对孩子们有进一步的要求。具体实施上，清华大学附属小学开设的"十岁天空"知行课程，值得我们学习。他们将课程细分为三个维度：自主发展维度，包括自我意识的完善和自我控制的调节能力；文化修养维度，主要指思维品质发展；社会交往维度，主要指与同伴的友谊、师生关系等。最终三个维度的目标水乳交融，有效地促进学生的心理塑造、情感提升、品格修养。[①]

二是鼓励自主实践。在我国基础教育阶段，四年级现象、八年级现象比较突出，四年级学生自我意识增强，往往希望自主安排自己的活动，对待成人的指令性要求心存反感，甚至会出现一定的冲突。因此，利用十岁生日的契机，帮助学生进一步发展自主性，鼓励他们自主策划和组织一次成功的自我节日，是十岁生日会的重要要求。徐老师这个活动充分尊重了学生的自主意愿，由学生自主发起、自主策划、自主协调与优化，并在过程中不断锻炼孩子们的思维与组织能力，其本身就是一个很好的教育过程。

当然，教师指导对学生自主实践也是不可或缺的，我们可以利用十岁重大节点发动全体科任老师参与到活动的指导过程中。如美术课可以指导生日会背景、贺卡和邀请函的设计；音乐课可以指导手语操、舞蹈等节目的编排；英语课除了教"生日快乐"之外，还可以教一些有关生日的英文歌曲；语文课可以指导学生写一封给爸爸妈妈的信，为爸妈创作感恩诗，表达感激之情；班主任可以指导学生作未来计划，制作愿望清单。如此等等，相信会给学生的十岁生日留下满满的美好回忆。

---

① 黄静，韩冬：《知行课程："十岁天空"的设计与实施》，《人民教育》2015年第13期，第38—41页。

第二节　让组织仪式强化体验性

一、学生为什么对仪式不上心？

　　早读课结束是 8 点 40 分，《运动员进行曲》在校园广播中响起，教师、学生陆续走出教室向操场方向前进。笔者跟随学生一起走，行进过程中，小学生有的跑动，有的打闹、追逐，也有说笑聊天的。8 点 50 分左右，学生在固定位置按照老师的要求在操场站好，负责升旗仪式的老师为了维持秩序，拿着话筒在旗台下方一边指着学生一边大声重复地喊着"站好，快点站好"，台下学生挤挤闹闹的，似乎没有听见耳边的大声喊叫。笔者四处打量，并没有看到有关升旗的任何标语或者其他标志性物件，只有一群人站在这里等待着，队伍吵吵嚷嚷的，直到广播音乐停下，老师开始整队，学生队伍才稍微安静下来，但是还有窸窸窣窣的说话声和笑语声。这时站在每班队列最后的班主任老师会迅速走到声音来源处，用手指着那儿或是在学生身上拍一下，恶狠狠地说一句"不要讲话"，然后迅速退回。每位班主任按要求都应该站在本班队列最后方，但是很多班主任都是三三两两地靠在一起，有一句没一句地说着什么，其中有几名老师正聚在一个花坛边缘说笑，有几个老师是蹲在花坛边缘的。升旗仪式正在进行，一个小意外发生了，一位五年级的同学在进行题为"保护环境，从我做起"的主题演讲时，话筒突然断断续续，出现刺耳的嗡鸣声，直至最后没有声音，学生队列马上出现一阵骚动，甚至起哄声音都有，队后的班主任立刻走到班级队列中，开始维持秩序，直至话筒声音再次响起。升旗仪式结束，教师、学生解散。学生的队伍转眼间就哄然散开，大多数奔跑着回教学楼，教师们则慢慢走回。[①]

实事求是地说，这样的升旗仪式不是个别现象，在中小学里比较多见。它反映出学校组织仪式中存在的形式化问题，值得大家重视。

一是过程空泛化。首先是程序问题。仪式需要一定的程序，如升旗活动，常见的就有迎旗、升旗、国旗下讲话等基本环节，但问题是各学校大多只有这几个环节，而且几十年不变，没有丝毫创新。固定的程序，相同的训话，一年下来近四十周，每周均是如此，从开头就可以预知结尾，很容易让师生觉得枯燥乏味，将本来庄严肃穆的升旗仪式看成是不得不完成的任务。其次是内容问题。据我观察，当前许多学校的国旗下讲话主题，大多是开学初就确定好的，而且主题相对宏大，大多是围绕社会主义核心价值观等相关主题展开，每年都差不多。而发言者往往会根据这些主题找一些文字，凑一些语言，泛泛地提一些要求。这些主题没有问题，只是在实践中教育者应结合学生实际对主题进行细化，否则就会脱离学生呈现出空泛化的倾向。

二是主体缺席化。升旗仪式的主体应该是全体师生，但在现实中，真正在升旗仪式中发挥作用的，只是个别领导和少数学生，他们担任升旗手、发言嘉宾，其他绝大多数师生只是旁听者、参与者，容易出现"身在曹营心在汉"的现象。我也要特别点出教师缺席的问题，以本案例为例，教师在升旗仪式中可以以检查纪律等名义自由走动，还可以在队伍后面自由说笑，这必然会削弱仪式的严肃性，也会给学生带来不良示范和影响。

梳理这些现象，主要是想表达目前升旗等组织仪式活动，操作并不规范，氛围并不严肃，效果并不理想。究其原因，可能有重智轻德的文化背景，也有缺乏评价机制等问题。但我想更重要的是，大家似乎对组织仪式的

---

① 鲍婷：《小学阶段仪式教育研究》，陕西师范大学硕士论文，2013 年。

育人价值认识并不深刻，以为仪式活动只是上级的要求，摆摆样子，例行公事即可。

其实，组织类仪式有着鲜明的育人价值，至少有以下方面：一是爱国主义等集体意识培育。这是我们青少年学生从自然人走向社会人、走向政治人，加强政治素养教育的重要组成部分，也是我国国情对青少年学生成长的必然要求。二是文明规范教育。仪式是一件严肃的事情，举行仪式过程中的服装、路队、集会等规范，对学生文明礼仪的养成均有重要意义。这些都是孩子们在书本上学不到的，而在现实生活中又必须用到的东西，十分有价值。

因此，基于对组织仪式育人价值的分析，我们认为要加强组织仪式教育的严肃性，做好升旗仪式、干部竞聘仪式、少先队入队等重点活动，提升学生的基本组织素养。

二、升旗仪式：加强师生参与

光明区玉律小学因为校园改造，操场无法使用，全体师生升旗只能改在教室室内进行。为了实现和提升升旗仪式的教育效果，学校创造性地使用直播的形式进行，并且改变了原有的固定仪式环节，增加了一个在升旗仪式前的班级展示活动。主题是"我的班级风采秀"，具体由一个班级承担，时长 5 分钟，形式不限。第一次承担任务的是徐英老师和她的禾苗中队。

案 例　　　　　　　　**国旗下的班级风采秀**

主持人：屏幕前的观众朋友们，大家好，我是记者陈×，这里是班级风采秀的直播现场，今天班级风采秀的主角是禾苗中队，这是玉律小学第一次以直播的形式进行班级风采展示。在现场可以看到，同学们正在进行紧张的排练，我们一起去看看吧。

小记者：同学你好，请问今天班级风采秀的主题是什么？

同学：我们的主题是"我和我的班级"。

小记者：这是我们学校第一次以直播的形式开展班级风采秀，你要和观众朋友们说些什么呢？

同学：这是我们班第一次，也是全校第一次，希望大家多多鼓励。

小记者：相信你们一定会做得很好，预祝你们成功，谢谢。加油！

主持人：离直播只有 1 分钟了，请屏幕前的观众们一起作好准备，一起欣赏禾苗中队的班级风采秀。首先是小队展示，然后是中队合唱。

小队 1：没有比人更高的山峰，我们要展翅飞翔。大家好，我们是飞翔小队。

小队 2：没有比脚更长的道路，我们要超越自己。我们是超越小队。

小队 3：越努力越优秀，梦想是我们前进的动力。我们是梦想小队。

小队 4：面对困难不退缩，遇到挫折不放弃，我们是独立自主的精灵小队。

小队 5：惜时如金，孜孜不倦，前进的道路无比阳光。我们是阳光小队。

小队 6：强健体魄，健康身心，让快乐之船扬帆起航。我们是快乐小队。

合唱 1：我和我的祖国，一刻也不能分割，无论我走到哪里，都流出一首赞歌。

合唱 2：我的班级和我，像海和浪花一朵，无论我走到哪里，都爱着禾苗中队。

……

合说：大家好，我们是积极努力、健康快乐的禾苗中队，谢谢大家。

主持人：请留步，你们刚刚的表演太精彩了，为以后的班级作出了榜样。请问你们是怎么想到改编《我和我的祖国》的？

同学：希望我们的班级像祖国一样越来越好。

主持人：好的，谢谢你接受采访。禾苗中队班级风采秀到此告一段落，我们的升旗仪式即将在 1 分钟后开始，请各班列队站好。

这个展示环节只有 5 分钟，包括主持人导入、小队展示、中队合唱、同学采访四个环节，也许从成人的眼光来看并不复杂，但是对于三年级的小朋友来说就有点难度了，而且要在升国旗仪式中开展，容不得出现差错，这给孩子们带来较大的考验。为了筹备本次活动，徐老师先后举行过策划会、推进会，把原来的方案一再推翻重来，过程中也遇到了时间把控不好、学生台词不流畅、上台表现不自信、环节衔接不流畅等各种问题，但在不断彩排中，每一位学生慢慢熟悉并找到感觉，最后圆满完成了任务，获得了全校师生的一致称赞，也让这个班级经历了一次重大成长。这启发我们可以进一步变革升旗仪式，具体做好以下两点。

一是让师生成为升旗台的主角。升旗仪式的焦点当然是升旗台，所有重要的活动任务都在升旗台上完成，相信绝大多数孩子都愿意站在升旗台上亮相。但由于各种主客观原因，传统升旗仪式只有升旗手、主持人、发言人等极少数师生出现，往往十分固定，这就容易造成审美疲劳，也妨碍了其他师生的积极性。如何让更多师生能够站在升旗台上呢？首先是增加升旗人员等相关人员，如在原有升旗手的基础上，可以增加护旗手、观礼团成员，把上一周表现优秀的师生请到台上承担护旗、观礼任务，相信对于他们来说是莫大的荣誉，如果再配以相关的文字介绍，效果会更好。其次是改变国旗下讲话的方式，组织国旗下展示活动，鼓励更多学生和老师用情景剧、风采秀、小组唱等方式进行展示。如此等等，可以保证每个学生在六年中上台一次。

二是让台下师生融入活动情境。尽管我们可以丰富和创新形式，但升旗台上的主角毕竟是有限的。要提高升旗活动的教育效果，还必须改变广大台下师生的状态，要让他们真正参与升旗仪式，而不是游离在外。怎么办呢？这需要学校对升旗仪式从教育角度进行系统改造。除了改变讲话特点，丰富现场情境之外，可能要有全程教育的意识，即要拉长教育活动的教育时空。这方面，深圳市宝安区滨海小学作出了较好的探索，他们历经八年实践，形成了独具特色的"校长主讲—主题班会—家庭讨论—实践感悟"四段式国旗下课程模式，促进了学生健康成长。[①] 在时间维度上，国旗下课程从周一早上开始，贯穿到周一全天，甚至延伸到整个一周；在空间维度上，国旗下课程从操场上的升旗台开始，延伸到班级、家庭中，甚至社会上；在人物维度上，国旗下课程参与者不仅仅是校长，还包括教师和学生，甚至包括家长；在事件维度上，国旗下课程不仅仅包括讲话，还包括讨论、总结和对话。

班主任不是校长，无法改变学校的升旗仪式，更无法形成有特色的学校国旗下课程，但是教育思路是可以借鉴的。我们也可以围绕国旗下讲话的主题和内容，有意识地组织学生在班会上讨论、在家庭中践行，形成有班级特色的国旗下教育。

三、竞聘仪式：突出公平公正

光明区马田小学的陈颖欣老师带的是三年级的一个班，经过前两年的锻炼，孩子们对岗位工作比较熟悉，同时对有些岗位又开始厌倦，于是陈老师设计了一次岗位换届活动。

案　例　　　　　　　　　　　**班级岗位换届大会**

首批换届就是同学们比较熟悉的课间小卫士、黑板美容师、图书管理员。经过大家充分酝酿和初步筛选，共有六组队员以集体方式参与到三个岗位的竞选之中。换届活动还特别聘请了上一届岗位成员担任主要评委，其他同学担任大众评委。别看这些评委年纪小，他们可并不简单，往往有一年左右的上岗时间，具备丰富的岗位工作经验。在他们的共同努力下，三个岗位的标准先后出台。课间小卫士的主要职责是妥善处理课间问题，维护课间秩

---

① 李唯：《四段式国旗下课程：为生命成长铺就一条新路》，《中国德育》2016 年第 10 期，第 19-22 页。

序。黑板美容师的主要职责是保持黑板干净整洁，整理好教学用具。图书管理员主要负责及时整理图书，做好借阅登记。

随着主持人一声令下，竞选小岗位的各队选手分别开展了竞选演说、现场展示，还接受了评委和同学的提问，十分规范。参选"课间小卫士"的被提问了三个问题：你为什么想当课间小卫士？有人在打闹，你如何劝阻他们呢？如果男生打女生，你会怎么办呢？这些问题很幼稚，但孩子们的回答却有板有眼。参选"黑板美容师"的是截然不同的两个小组，第一组以女生为主，她们表示自己个子高，比较细心，会擦得比较干净；第二组以小个子男生为主，他们丝毫不示弱，不但表示能认真擦好黑板，而且还创造性地利用黑板准备了猜谜语项目，帮助大家劳逸结合。"图书管理员"两组选手也是各有优势，一组表示会在每周开展好书推荐活动，制作好书推荐卡；另一组表示会学习图书馆的做法，将图书分类并贴上相应的标签，方便同学们借阅。

最后在集体投票表决之后，大家选出了相应的岗位人员。虽然结果并没有让所有人都满意，但是中间的过程却让参与观摩的老师赞叹不已："原来小岗位要做好，还是有很大学问的。"

中小学班级中，经常会有类似的竞选竞聘活动，但我们发现有些活动过于随意，明显有走过场的痕迹，教育价值不足，影响了同学们参与的积极性。好的竞选竞聘活动往往是一个良好的教育契机，不但能教育参选者，而且能教育评选者。结合陈老师这个活动，我认为一个竞聘竞选活动应该注意三个方面。

一是有一个规范的竞选程序。这是保证竞选竞聘顺利发生教育作用的前提性条件。我建议班级应发动全体师生，共同根据实际情况，制定相应的竞选程序，并取得一致意见。

二是有一份务实的技能展示。我看过许多班干部竞选类班会，形式很活泼，多以展示贯穿，但遗憾的是选手展示的多是个人才艺，如唱歌、跳舞、乐器表演等，缺乏与岗位的匹配度。如果竞选文艺委员，这种展示也许是有益的，但并不适用于所有岗位。陈老师的班级岗位展示比较务实，主要内容都是围绕岗位技能，不但能选出合适的人员，而且其中一些创意与火花会进一步优化岗位工作。

三是有一支专兼结合的评委队伍。我特别认同陈老师对评委的聘请办法，邀请上届岗位小组的同学担任评委，并负责拟定岗位实践标准，这既是专业性的体现，也是传帮带的过程。其实，有条件的情况下，待这些岗位人员选定后，小评委还可以开展相应的帮扶活动，相信无论是对实践素养提升，还是对同学交往，都会有比较好的效果。

四、更换领巾：提升责任意识

少先队有一个特别的成长仪式活动——更换大领巾，即随着孩子们慢慢长大，将原来的小号红领巾换成大号红领巾。光明区玉律小学深入挖掘这一活动内涵，在五年级开展了"谷雨时节我成长"的仪式活动，取得了较好的效果。我曾经参加过一次现场活动，印象很深刻。

| 案 例 | 谷雨时节我成长 |

"五·一结对"活动是光明区玉律小学的一个传统。早在九月初，刚上五年级的同学在老师们的引导下，与相应的一年级班级开展了结对活动。他们深入到新生班级，与弟弟妹妹一起开展"手拉手校园寻宝记"，带领一年级小朋友了解各种校园设施，熟悉校园学习要求。从第二周开始，五年级的哥哥姐姐们利用课间时间再次进入一年级，帮助他们建立班级小岗位，掌握必备的岗位技能，还与他们一起做游戏，帮他们养成课间行为规范，并不断丰富课余生活，让他们逐渐适应校园生活节奏。第二学期开始后，五年级同学们开始了新的任务，他们以红领巾大使的身份对一年级同学开展入队教育，引导他们参观队部室，学习系红领巾，学习行队礼等。这一系列的结对帮扶活动，既有效帮助了一年级学生适应小学生活，而且促使五年级学生萌生了

成长感。

待到每年的 4 月谷雨时节，学校便为一、五年级共同举办一个节点性的成长仪式"谷雨时节我成长"。在观看回顾性的短片后，正式的仪式活动便开始了。首先是为一年级小队员系上红领巾，与以往由师长给小朋友系上红领巾的形式不同，这次嘉宾是五年级的哥哥姐姐，他们把自己脖子上的崭新红领巾轻轻解下来，用手抚摸平整，作为礼物送给弟弟妹妹，并为他们亲手系好，叮嘱他们要爱护红领巾，争做好学生；小队员们则向哥哥姐姐行第一次队礼，表示感谢。其次是为五年级大队员更换大领巾，由老师或家长为他们系上新的大号领巾，并送上特殊的成长礼物，祝贺孩子们长大，叮嘱他们要承担更多照顾他人的责任。最后是大队员、小队员与师长一起合影留念，惺惺相惜的画面十分感人。

此时此刻，我们能感受到一年级小朋友的兴奋，更能感受到五年级大孩子的成熟。接近一年的结对帮扶实践活动，让五年级的同学体会到了成长，更体会到了责任。而这特别的仪式设计，则进一步强化了五年级学生的自豪与荣耀，仪式教育的力量得到了很好的展现。

这个活动很巧妙，不但利用了谷雨这一有象征意义的节气，突出了成长的价值引领，更重要的是，利用这个节点实现了一、五年级的共同成长。这种伙伴式的相互教育，帮助了一年级同学达到了入队要求，更帮助五年级同学实现从小队员向大队员的身份转换，给我们许多启发。

一是开展成长活动。提升孩子们的成长感有多种途径，其中重要的一点是从比较中来。即使是孩子，他们也有先天照顾弱小的心理需求，当他们被赋予对更低龄伙伴的照料责任时，这种成长感就显得更为强烈。因此培养学生们的责任感，不能仅依靠口头教育，更需要赋予孩子们一定的角色身份，在活动中丰富体验。当然除了照顾学弟学妹外，也可以组织对老年人的照料活动，还可以组织在家庭中承担岗位职责，帮助家人。

二是佩戴成长标志。开展活动只是提升成长感的基础，在此基础上还需要借一定的物化标志进行升华。在本活动中，成长标志就是领巾，从小领巾到大领巾，很形象，很具体，既表达了身份的变化，也意味着责任的增加。因此学校要组织专门的仪式教育活动，帮助孩子们认识大领巾的来由与内涵，还要组织佩戴仪式，为每个孩子拍照留影，增加和升华孩子们的成长感，提升成长自豪感。

三是优化成长生态。成长不仅仅是在学校之中发生，而且应该弥散在孩子生活的所有时空之中。因此应邀请家长一起见证孩子们更换领巾的过程，希望通过父母将孩子的大责任引入到家庭中，促进孩子们在学校、家庭、社会中同步发展，时刻铭记大责任，作好大榜样。

第三节　让学业仪式突出阶段感

一、开学应有什么面孔？

　　　　　　　　　　　电影里的开学第一课

　　2019 年有部非常热门的影片《老师·好》，反映了一段特殊时期的师生关系。于谦在片中扮演的班主任苗老师，打动了许多人的内心，勾起了大家的回忆，仿佛很长一段时间，班主任都是那种刀子嘴、豆腐心的形象。我印象比较深刻的是班级刚开学的那一幕，苗老师在开学第一天的第一节课上，不但巧妙地揭穿了同学们的小把戏，收缴了同学们的口红、香烟、武侠小说，甚至刀具，而且还认真地给了全体同学一个下马威：

　　苗老师：我不管你们之前的老师是怎么教育你们的，我也不管你们之前都是什么三教九流。从今天开始，这个教室里的规矩它姓苗。

　　洛小乙：报告。

　　苗老师：三马路派出所知道吗？

　　王海：苗老师，洛小乙喊报告呢？

　　苗老师：蹲下。

　　洛小乙：报告。

　　苗老师：听不见。

　　洛小乙：报告。

　　苗老师：听不见。

洛小乙：报告。

苗老师：听不见，没让你进来，你给我一直喊。

洛小乙：报告。

苗老师：刚才说到哪？

王海：三马路派出所。

苗老师：趴下，二十个俯卧撑。

洛小乙：报告。

苗老师：三马路派出所侯镇宇，那是我亲小舅子，有的事情这儿说不清楚，咱们换个地方说，想炸刺的，都给我掂量着点儿。

洛小乙：报告，报告，报告……

你看"这个教室里的规矩它姓苗"，多么霸气，多么有震撼力，的确也是对当时这个特殊班级的一种必要手段。时间的车轮已经驶进了新时代，我们的开学第一课改变了吗？据我观察，还没有。许多老师还在延续下马威这一套东西，在同学们面前摆出一副严肃的样子，甚至是凶神恶煞，可谓是费尽苦心，但效果往往不太好，甚至还会起到负面作用。这反映了我国目前中小学班级学业节点活动的一些问题，尽管学校层面在提倡鼓励正能量，但在教师层面却有一种消极化的倾向，消解了学生和家长的热情。

一是目的消极。今天，许多老师的想法仍然还是想控制班级与学生。在开学初，老师希望学生乖一点，听话一点，这样可以降低自己日后工作的难度。而在期末，老师希望孩子们早点离校，安全返回家里，少出一些插曲，这样自己就能顺利地进入假期。老师们的心情可以理解，毕竟班主任事务性工作的确较多。但问题是，我们面对的是一个个活生生的孩子，他们有情感需求，有学习期待，有时候过分的压制反而不利于我们开展工作。如果老师有兴趣问孩子们一个问题——"开学第一天，当你走进教室，你更愿意看到哪个画面？A.温馨整洁的教室，B.老师灿烂的笑容"，二选一，我相信绝大多数同学会选B，但现实中，老师们可能大多会选A。

二是手段消极。为了达到控制的目的，一些老师往往会在这些学业节点，选择一些消极的方式或策略。（1）惩罚。如《老师·好》中的苗老师对调皮孩子采取了罚站等手段，树立自己的权威。（2）例行公事。一些老师会按照学校的要求，简单地开个班会，毫无热情地宣读学校的最新要求和注意事项，强调纪律规范。（3）忽略。由于各种原因，一些老师会无视开学、上学和毕业节点，并不举行班级的个性化活动或仪式，浇灭了孩子们的热情。

如此等等，其实有主客观等各种原因，但其中重要一点，是对这些学业节点的认识有偏差。老师只是站在成人立场上去考虑设计和组织相关活动，而不是从学生立场来考虑。如果从学生出发，我们认为几乎每个学生都十分渴望学业节点性活动，都希望在学业初始、学业结束、毕业等重大节点获得美好的祝福，为自己未来一个学期、一个学年乃至更长的时间打下情感底色，留存美好记忆，并带着这份珍贵礼物，更有力量地走向未来。

二、班级开学：强调目标引领

2020 年 2 月 24 日，是深圳市小学春季开学的日子，但这次开学与以往不一样，同学们在家里通过网络参与。因为突发新冠肺炎疫情，孩子们都只能待在家里上网课，不能回到熟悉的校园。如何把从未有过的网络开学活动做好呢？光明区红花山小学一年级班主任蒋影老师想了很久。

案 例　　　　　　　**疫情下的开学第一课**

蒋老师认为这次特殊的开学主题肯定离不开抗疫，但是由于层面不同，高段班级与学生可能更多倾向于学习著名英雄的抗疫事迹，一年级小学生和班级可能更需要了解具体的人和事，要通过这些人和事，引发孩子们朴素的情感，引导孩子们真实有意义的行动。基于这一理念，她策划了"致敬身边的逆行者"活动，在开学前一周，通过家长群鼓励孩子们收集身边抗疫的故事，如爸爸妈妈抗击疫情的图片、视频，在家长帮助下制成 PPT，准备开学后分享。

2 月 24 日班级开学第一课如约而至。蒋老师首先引入视频《盖世英雄钟南山》，为活动拉开了序幕，并指出身边的逆行者，同样也是抗疫英雄。然后按照报名情况，孩子们分别展示身边逆行者的事迹。有同学分享的是自己的护士妈妈，一个多月没日没夜地奋斗在一线岗位，十分辛苦；有同学分享的是自己的网格员爸爸，每天都站在社区抗疫最前线，经常加班加点；有同学分享了自己在方舱医院做志愿者的爸爸，既平凡又伟大，那些从武汉发回来的相片，让孩子们近距离地感受了疫情，对抗疫英雄心生了更多敬意。有同学说"好感动啊，向叔叔阿姨们致敬，我要好好学习，将来也要做医生""我的妈妈一直奋战在前线，我每一天都非常想念她，但请妈妈放心，我已经长大了，会照顾自己，会帮爸爸带弟弟"。

待分享完毕，蒋老师因势利导，带领孩子们制订新学期计划，鼓励大家争做居家学习小达人，达成三项目标：一是健康自护我能行，希望每个孩子注意卫生，抗击疫情病毒；二是生活自理我能行，希望孩子们居家学习能合理安排作息，并力所能及地做一些家务劳动；三是学习自主我能行，希望孩子们能在家长协助下正常开展网课学习，按时完成作业，提升学习质量。最后师生梳理了新学期居家小达人的考核办法，共同约定过一个健康自主有意义的新学期。

蒋老师组织的这个活动限于网络课堂的原因，很朴素，没有过多的奢华布置，但是也很成功。孩子们讲述自己身边亲人的抗疫故事，自然亲切、可感可信，打动了全体同学与老师，营造了很好的情感场域。在这种情感的基础上，老师引导孩子们明确本学期的教育主题，并在这个主题统领下，分别制订了具体的学习计划，为孩子们的新学期学习生活明确了方向。因此我们认为从班级的角度讲，开学第一课活动需要承前启后，突出目标引领，发挥师生两方面的积极性和主体性，共同拟订新学期的计划。

一是教师要理清主线。班主任是班级建设的设计师、指导者，必然要对新学期新学年有清晰的主题计划，这是班主任做好班级工作的基础。这要求班主任要通过分析班级学生实际，同家长、学生一起明晰班级三年或六年工作的总目标。在这个总目标下，再结合新学期的实际和学校要求，确定每个学期的工作重点，将其传递给全班学生。很难想象没有全盘考虑，"脚踏西瓜皮，滑到哪里算哪里"的班级会发展到什么程度。

二是学生要拟定计划。教师是宏观规划的制定者，而学生则是具体方案的落实人。一个学期的工作始终需要由学生来具体完成，因此可以利用班级开学第一课及前后的时间，鼓励孩子拟定具有可行性的学期学习与生活方案。我们可以设置一些更容易操作的表格，供学生填写。[①]

表 11　新学期学生计划表

	我的身体目标：我希望在哪个体育项目上达到什么标准？	我的岗位意愿：我希望承担哪个岗位工作？
我的学习目标：课堂发言、作业完成、时间管理……	班级目标：	我的岗位目标：我的工作应该达到什么标准？
我的交友目标：我要结交几个新朋友？	我的自理目标：哪些事我应该自己做？	我的情绪目标：一周保持几天心情愉快？
确定标准： S：目标必须是具体的，不能笼而统之； M：目标必须是可衡量的，可以用数量或者行为进行衡量； A：目标必须是可实现的，在付出努力的情况下可以实现； R：与班级目标有一定的相关性； T：目标必须有明确的截止期限。		

顺便指出一点，期末典礼也可以与此相呼应。我们也可以在期末举行相应的颁奖仪式，不一定是根据学生的考试成绩，而是直接依据学生开学初目标的相应内容进行奖项评定，反映孩子们在一个学期的真实进步与收获，这样的奖励必然会激发孩子继续前进的勇气。

三、学科第一课：突出兴趣激发

2020 年 9 月，我兼任了七年级的《道德与法治》教学，因为脱离教学一线较长时间，对我而言，一个非常突出的任务，便是如何上好开学第一课。

---

① 唐隽菁:《开学第一课——为整个学年做好充足准备》,《江苏教育》2018 年第 71 期, 第 15-18 页。

我想了许久，决定从激发同学们对学科的兴趣入手。

我先用小篆出示了两个字，一个是德，一个是法。对于"德"字，我与同学们一起分析它的字形结构及其组成，让学生知道左边其实是个"彳"，是行动的意思，右下是"心"，是内心思想的意思，右上是"直"，表示正直；综合起来，德，表示一个人无论内心想法还是外在言行，都要符合正直的规范要求。"法"字，左上是"氵"，是水，表示公平公正，右上是"廌"，就是獬豸，相传它是执法的神兽，能准确判断出人的行为是否违法；下方是一个人固定在架子上。综合起来，很形象地说明法律就是任何一个人都要公平地接受规则的拷问，如有违反便会受到惩罚。把这两个字结合起来，"道德"与"法治"其实都是关乎人的行为规范。接下来我出示了自行编写的前言，帮助同学们初步了解这门学科的基本目标、主要内容和学习任务，并请同学们进行相应的学习和阅读。

> **案 例**　　　　　　　　**走进《道德与法治》**
>
> 同学们，摆在我们面前的是一门既熟悉又陌生的学科《道德与法治》。小学开过这门课程，大多数同学可能看过教材，但体会不深；初中以后，这门课程更为重要，将伴随我们走过三年，直至中考。这到底是一门什么样的课程呢？让我们一起走进《道德与法治》。
>
> 要了解这门学科，首先要从课程名称入手。在《现代汉语词典》中，"道德"是指以善恶评价为标准，依靠社会舆论、传统习俗和人的内心信念的力量来调整人们之间相互关系的行为规范的总和；"法治"是根据法律治理国家，而法律则是由立法机关制定、国家政权保证执行的行为规则。因此"道德"与"法治"其实都是关乎人的行为规范，只不过"法治"更严格，更具有强制性。所以，《道德与法治》是帮助我们解决实际生活问题、协调不同交往关系、促进思想品德健康发展的一门学问。
>
> 根据每一个人生活范围不断扩大的特点，我们将先后学习处理与自身、家庭、学校、社会、国家和世界的不同关系。在七年级上册，将主要讨论我

们与自身、同学、师长之间的问题，分析存在的原因，提出解决的办法与建议，帮助我们顺利成为合格的中学生。本学期之后，我们将继续拓展，讨论与社会、国家和世界之间的交往问题，帮助我们成为了解社会、适应社会、参与社会的现代公民。在这个过程中，我们还应努力做到会思考，会表达，会做事，会交往，不断提升自己的综合素养。

在本学科学习中，我们要重点把握三种习惯。一是课前预习习惯，希望大家把预习当作常规作业，每节课的前一天，务必认真阅读课本，写出主题句，画出中心句，突出关键词，标出疑惑处。二是课堂听讲习惯，建议大家学会"听""说""记"。"听"是要认真听老师讲课和同学发言，听到重点，听到方法；"说"是要举手回答问题，站姿端正，声音响亮，发言完整、有层次；"记"是要做好笔记，要在书本空白处集中记下老师的板书和知识要点，记下自己的学习心得，还可用"便利贴"进行补充。三是课后作业习惯，提醒大家像考试一样认真对待作业，把握质量要求，注意字迹工整，不随意涂画。

"千里之行，始于足下"。同学们，只要大家认识《道德与法治》的学科特点，抓好课堂学习和课后实践，把每一节课上好，把每一份作业做好，我们一定可以将这门学科学好。预祝大家新学期学习愉快！

这节课的教学效果比较好，在课后我也对此进行了反思和小结。我认为学科的开学第一课最好不要直接教授新课，不要提太多知识性的要求，应该成为本学科的入门课，要带有前言的性质。

一是促进对课程的概要了解。一般而言，一本书都有前言或序言，主要是方便读者对书本内容有大致了解。但很奇怪的是，绝大多数教科书没有前言部分，往往直接进入主题教学，通常会让师生们无所适从。许多老师会泛泛地提一些学习要求，强调一下课堂纪律，学科性并没有很好地体现出来。我认为学科第一课，应该是牢牢把握学科特点，围绕学科是什么、学科学什么、学科怎么学等基本性的问题进行讨论，帮助同学们对本学科有基本的把握。对于科任老师而言，需要认真研究课程标准，把握学科特点和主要内容，如果没有现成的文本，就需要学科教师自行编写。

二是提升对学科的初步兴趣。我们说第一印象很重要，学科教学也是如此。很有可能同学们对学科的学习热情就是从第一课开始的，这需要教师精心设计教学方法，巧妙组织教学活动，让学生在第一课就能轻松掌握内容，同时又能体现出愉悦感。文科类的学科可以通过说文解字来实现，特别是一些象形文字，往往很直观地说明了课程的特点；理科类的课程可以通过一些代表性的实验来处理，一些令人着迷的小科技、小道具一定会吸引孩子们的兴趣；体艺类的学科可以展示技艺可能达到的高度，从审美角度来激发孩子们的兴趣。

除此之外，老师的个人形象可能也需要特别注意，相信合适的着装、有魅力的语言一定会让学生更加感到亲切。

四、休业式：体现激励总结

苏联教育家阿莫纳什维利有一本书叫《孩子们，你们好！》，其中描写了零年级 ① 的休业式，很有参考性。

案 例	零年级的休业式

家长、客人们来到了。他们来的人很多，大约有 80 人。请他们坐到哪儿去呢？客人是不可怠慢的，何况他们人人都有权利出席我们的庆祝会：每个人都持有一张写有庆祝会程序的红请柬。这些请柬是由孩子们自己精心制作的，邀请谁来参加，也由他们自己决定，由于教室太小，我们不得不把庆祝会改在学校礼堂里举行。

在庆祝会之前，家长和客人们参观了我们的展览会，他们细细地观看了每一件展品，孩子们在 9 月和 5 月完成的两次作业，反映他们学校生活的照

---

① 零年级，在该书中特指小学预备班。

片，他们自己"出版"的微型书、自己的"著作"汇编第 1 卷、画册。展览会讲解员也由孩子们自己充任。我看到：

妈妈们——多么喜悦！

爸爸们——多么自豪！

奶奶们——多么幸福！

客人们——多么惊异！

家长们从自己孩子的课桌上拿起秘密纸袋。他们都急不可待地，但小心翼翼地打开纸袋，聚精会神地查看纸袋里的每一件作业。我注视着他们的眼神。亲爱的家长们，你们全明白吗？你们还需要我做点解释吗？

音乐演出开始了。在舞台上，孩子们手持乐器——木琴、三角铁、勺形响板、鼓，等等——在一排小椅子上各就各位。

乐队演奏起来，孩子们唱起了欢乐的歌曲……

演出结束以后，我们一起下楼走向校园。阿夫坦季尔大叔给我们全班摄影留念。

每个孩子都在向我告别。[1]

休业式其实就是散学典礼。我们似乎有一种重开头轻结尾的传统，虎头蛇尾的现象屡见不鲜，具体到班级生活中，我们很少见到有特别隆重、很有意义的散学活动，似乎散学只是为了领假期作业和通知书，然后就都忙着放学回家。读完阿莫纳什维利描写的休业式，我们深深体会到休业并不是简单结束，而是一段重要的开启，需要认真组织。

一要开展激励性评价。我们常见的孩子们的通知书往往是冷冰冰的一些数字化的成绩，然后附上一段泛泛的评价，大多是"某某学生学习认真，性格良好，能尊重师长，团结同学，希望更加努力，取得更大成绩"，这些评语可能是对任何一个孩子都适用，同样也可能适用于多个学段，其实没有实质意义，聊以充数而已。我们认为应该从多元的角度改革评语，既真实反映孩

---

① Ш.A. 阿莫纳什维利：《孩子们，你们好！》，朱佩荣译，教育科学出版社 2005 年版，第 221 页。

子们在过去一个阶段的努力，同时又起到激励作用，促进他们继续进步。因此要改变千人一面的评语，做到因人制宜，具有针对性；还要改变刻板的评语风格，做到儿童化，具有激励性。我们同样可以参考阿莫纳什维利的学生评语。

案 例	学生评语一则

拉里是一个善良而又热爱劳动的女孩子。同学们都喜爱她。

她是我们班上的卫生员。有一次，尼卡划破了手指，拉里就给他涂碘酒和用消毒纱布把划破的手指包起来。

拉里能生动地叙述，说话有条理，不过，她应该改掉在说话时在词与词之间、句与句之间夹杂着说"哎、哎、哎"的习惯。

她知道很多诗歌。同学们特别喜欢她有表情地朗诵瓦扎·普沙韦拉的诗篇。

她能整句整句地读，并理解所读的内容。她已经读完了4本书，这使我们很高兴。

她的字写得很漂亮，但我们建议她注意字母的间距要写得均匀。

她能书面叙述自己的印象。我们在班上讨论了她写的故事《春天来了》。拉里一定还记得，同学们给她提了哪些建议。

她学会了解答数学习题和例题。她能准确地绘制几何图形。

她爱上了俄语。她能造句，知道不少诗歌、谜语和成语。我们建议她在俄语发音上要多下点功夫。

在班级展览会上展出了她的图画和手工劳动制品。同学们都很喜欢她的这些作品。

拉里是音乐演出的参加者。

我们建议她学会快速阅读；在暑假里读完六七本儿童读物。为了提高书法水平，练习练习书法将是大有益处的。

拉里！我们祝贺你升入一年级！那儿有很多重要的事在等待着你！^①

　　二要进行成长性展示。现实中，散学典礼往往是开展安全教育，由法制副校长宣讲假期安全注意事项，然后象征性地颁发几张奖状，这些形式都是必要的，但是有点过于程式化，不能真正打动学生的内心。我们认为休业式的一个重要功能便是总结和表彰。要通过休业式这个契机，帮助孩子们展示一个学期的学习成果，可以是个人的学习作品，也可以是小组的合作成果，甚至还可以是班级的集体荣誉；在形式方面可以是静态展示，也可以是动态演出；在对象方面可以是面向班级全体师生，也可以扩大规模邀请家长和其他人员参与。相信作品准备和展示的过程，将进一步激发孩子们的成就感。

　　另外，还要组织有效的总结，可以通过一定的影像，把班级一个学期或一个学年的工作进行简要回顾，梳理过去一段时间的班级大事，在此基础上以小组、部门或学科为单位开展小结，表彰先进，发现问题，并对假期学习与生活计划进行再细化和完善，把期末休业仪式与暑期启动仪式结合起来，承上启下，实现班级生活的无隙衔接。

---

① Ш.А.阿莫纳什维利：《孩子们，你们好！》，朱佩荣译，教育科学出版社 2005 年版，第 212 页。

第四节　让综合庆典突出永恒性

一、我们需要什么样的入学礼?

清服入学式引争议

2009 年 9 月 1 日上午，杭州 ×× 小学举行了一场"古色古香"的新生入学仪式。当天上午，该小学 92 位新生身穿清朝"学士服"，在悠扬的古乐声中，手捧"三字经"，大声诵读："菊花香，入 ××，吾七岁，进学堂……勤学习，健身体，知礼仪，善劳动……"缓步走向"学堂"。

就是这样一则开学仪式的图文消息，昨日在猫扑、天涯、凯迪等各大论坛掀起"轩然大波"，网友纷纷拍砖，斥责学校让小学生穿清朝的官服，纯属炒作，是一场"闹剧"。

抨击：孩子们成了商业道具

昨日，网友"丫都席"在天涯发帖炮轰杭州 ×× 小学此举，他称自己的儿子就参加了当天的入学礼，"被迫穿了清服"，让其"倍感受辱"。

此帖获得了网友的热烈响应。"就算是古礼的入学仪式，也不应该穿清朝的服饰啊！唐或宋的服饰都是极好的选择啊！""可爱的小朋友成了某些人手里的商业道具……"从网络的帖子看来，绝大多数网友都不能接受这样的入学仪式。

网友"思路飞翔"略带夸张地说："看了图，着实吓一跳，以为清朝复辟，后来才知道这是一场误会。感慨之余感到杭州教育官员把玩笑开得太大了，有些不以为耻反以为荣的精神。"

调侃：校长应穿清朝官服上班

除了反对的声音外，更有不少网友质疑学校的做法。网友"晴时小雨"指出："尊师，是不需要穿着旧朝的衣服和行叩拜礼的，以前我们不是说好好学习就是对老师的最大尊重吗？"也有网友表示，其实穿汉服，或者穿清朝服装，都是作秀。为何要把小学生都拉入秀场？搞得如此复杂，满足的不过是大人们的虚荣。

网友 TR_numen 说："校长为了炫耀学校的历史，做这种恶心的炒作，我看应该让校长每天都穿清朝官服上班，校长应该亲自扎起辫子来。"甚至有网友尖锐地表示，把孩子交给这样的学校，能放心吗？ [①]

目前各地花式入学的典礼越来越多，让人眼花缭乱。从某个角度看，这说明社会上下重视教育，有利于营造积极向上的教育氛围，但另一方面也说明入学教育中的形式化现象比较严重，甚至产生了让社会、家长反感的效果，这种不专业的教育现象及做法值得大家警惕。

一是形式过度。主要是各地各校似乎有一种倾向，大家在相互攀比，看谁的形式更有新闻热度，因而出现了打破脑袋、不断翻新的趋势。以入学礼为例，当大家纷纷采取朱砂启智的时候，有学校想到了击鼓明志、行拜师礼、奉敬师茶；当这些活动普及后，有些学校想到了服装更新，把原有的校服改成汉服或者清服，有些连学生穿还不够，甚至要求所有参与的家长和老师都要穿戴，美其名曰营造氛围。还有一些学校在此基础上，再度翻新，不在学校举行开笔礼了，而是走进当地的学宫等旧址举行，甚至还邀请一些专门的乐团演奏古乐助兴。值得指出的是，竟然还有商家专门做起了这门生意，从服装、证书、礼仪主持、外观装饰等实行一条龙服务，全方位满足学校的形式翻新需求。细细地深入分析，我们不难发现这种外在包装的主要推

---

① 《网友发帖斥责清服入学式纯属炒作》：http://news.ifeng.com/society/2/200909/0904_344_1334925.shtml。

动力是博人眼球，这里的人并不是儿童，而是成人。这里的形式主要是为满足成人的审美需求出现的，对儿童来说真的是形式过度。我很怀疑这种复古式的入学，会在多大程度上真正吸引孩子们的兴趣，以至于达到教育的效果。

二是内容不足。入学礼教育的核心不在形式，而在内容。但当我们分析各种五彩缤纷的入学仪式时，却往往很难发现有贯穿始终的教育主题，我们在追求形式多样化的同时，似乎已经忘记了入学礼的教育初心。在最重要的校长讲话环节中，我们发现充斥着大量对领导的感谢、对家长的感激等官样文章，很少有儿童化的语言，很少对儿童有启发意义的共鸣。而从更深层次的内涵来看，某些礼仪本身的设计可能就是一些错误的价值导向，比如行跪拜礼、给师长奉茶并赠送礼物，这完全是与现代社会相矛盾的内容。还有各个学校大量购置的汉服、清服，往往都是一次性的，穿完这一次以后，学校将如何处理？其中造成的浪费又由谁买单呢？我们不得而知。这是对节约等现代文明精神的践踏，这不是教育，而是一种反教育。

在办学经费似乎越来越宽裕的今天，大家很容易犯一种病，那就是跟风与显摆，最后是劳民伤财，留下一地鸡毛。这其实是一种表演，当教育沦为表演，甚至是一场盛大的表演时，我们的教育是悲哀的。我们并不是不要举行入学仪式，而是应当更多地转换视角，从成人本位走向儿童立场，少一些铺张浪费，多一些真实参与和情感体验，往往会对儿童有更重要的促进作用。

二、入学典礼：突出身份转换

目前国内各小学的入学典礼越来越热闹，各种花式入学应有尽有，糖果路、彩虹桥、放气球等各种创意让人眼花缭乱。这些活动的出发点是一致的，主要是为了减轻孩子对小学的陌生感和距离感，让学生对小学生活充满好奇。我觉得这个立意是对的，但实践有点过了头，有点奢侈，不是特别务实。下面我举一个日本小学一年级入学的例子。

案　例	日本小学的入学教育

开学头三天，在日本有种说法叫"黄金三天"。

第一天是入学式，新入学的孩子和家长一起来学校，领学习用品，还有四十五分钟入学式：新生入场，校长讲话，全校教职员工介绍，来宾讲话，校歌齐唱，退场式之后，按班级拍合照。新生有个很重要的仪式，就是在高年级同学带领下，在全校学生和家长面前自报名字亮相。

第二天没有正式课程。老师告诉孩子们，各种物品如书包、雨伞、体操服、学习用具等放在哪里，喝水、厕所在哪里，需要遵守的学校规则等。像书包，必须统一方向放置，开始大家随便把书包塞进一排排书包架里，正反前后显得很乱，老师示范了放置规定，大家再重新放置后，看起来的确很顺眼。抽屉里面放东西也有规定：左边放课本，右边放练习本，中间放铅笔盒。为的是拿东西时方便，不会因找东西浪费时间。各种无关紧要的小事，都有章法。

第三天，主要复习第二天学的内容。对于新入学的孩子来说，这三天要记的东西非常多，在新的环境下还没有完全适应，又很疲劳，所以都是午前就放学，不在学校里吃饭。[①]

相对于国内日益喧嚣的入学礼，日本的入学礼显得简朴而又厚重。简朴是说他们没有过多地进行布置，校园比较安静，内容也不繁琐，很清晰。厚重是说他们做事比较扎实，细节方面比较到位，新生入场是由高年级同学带领着进去的，还要在全校面前报名字，这是一个很好的设计，让孩子们体会到身份感。另外，从第二天开始进行日常学习生活训练，学会摆放物品，学会基本生活规则，特别实用。我还特别喜欢第三天的"复习"环节，把孩子们的生活教育进行了慢处理，反而对学生未来的学习和生活适应很有好处。对比中日两国入学礼的不同，我认为一年级入学礼要特别注重创造条件，让

[①] 《我在日本小学任职的经历》：https://wenku.baidu.com/view/838860d2d0d233d4b14e6972.html。

孩子们实现身份的顺利转换。

一是让孩子顺利适应小学生活。有人概括，从幼儿园过渡到小学阶段的儿童有六个断层，即关系人的断层、学习方式的断层、行为规范的断层、社会结构的断层、期望水平的断层、学习环境的断层。[①]因此，为了帮助孩子们克服断层带来的挑战，顺利实现过渡，我们需要为孩子量身定制相关的幼小衔接课程。这不是学业课程方面的衔接，主要是生活技能方面的衔接。目前国内外开发了大量类似这样的课程，我个人推荐浙江省杭州市萧山区银河实验小学"第一周不上课"[②]，他们的课表涵盖了学生在校生活的诸多方面，而且特别舍得用一周时间来慢慢训练，其价值是深远的，与日本的入学教育有类似之处。

表 12　银河小学的入学课程

时　　间	星期一	星期二	星期三	星期四	星期五
上午	1. 晨诵《母鸡和小鸡》 2. 绘本《小魔怪要上学》 3. 规则教育：就餐＋如厕（班主任）	1. 晨诵《新新的书本》（班主任） 2. 绘本《好饿好饿的毛毛虫》，并制作书签 3. 巩固就餐习惯（美术老师）	1. 晨诵《春天的早晨》 2. 绘本《笨拙的螃蟹》，画画最棒的自己（班主任） 3. 队列训练（体育老师）	1. 晨诵《海浪》 2. 绘本《鳄鱼怕怕 牙医怕怕》 3. 画画最勇敢的自己（班主任）	1. 晨诵《12生肖歌》（班主任） 2. 认识自己的学号 3. 学习整理物品箱（数学老师）
下午	1. 参观校园 2. 画画我们的校园（数学老师协助体育老师）	1. 数学绘本《乱七八糟的魔女之城》 2. 练习整理书包和课桌（数学老师）	1. 参观音乐、美术等专业教室 2. 小电影《三个和尚》（音乐老师）	1. 电影《海底总动员》 2. 鉴赏交流（英语老师）	暮省仪式：总结一周生活，颁发"冲关小超人"奖，鼓励孩子们向下周的正式学习发起挑战（正副班主任）
放学前20分钟	暮省：回顾一天的生活，交流学到的本领以及最开心的事，同时辅以"规则卡"的肯定与激励				

---

① 张怡：《入学课程：为一年级新生保驾护航》，《华夏教师》2019 年第 6 期，第 86–87 页。

② 朱雪晴：《开学第一周，我们"不上课"》，《中小学管理》2013 年第 8 期，第 41–42 页。

二是让孩子形成学生身份认知。教育是个连续的过程，但是也需要在具体的节点，设置一定的仪式，帮助孩子形成有阶段感的记忆。正如孩子入队要佩戴红领巾一样，小朋友入读小学也需要有显著的标志。相对于目前各校流行的跨过彩虹桥、齐放氢气球等现代方式，我倒建议老师们从古代入学礼中去寻找灵感，以一种更加严肃的方式开展活动。当然，我们不建议孩子们穿汉服，但与读书直接相关联的开笔、描红，简单易行，但又意蕴深刻，值得推广。

三、入队仪式：树立积极体验

光明区光明小学的陈敏老师带过多个一年级，每到四五月份的时候，她都要为孩子们的入队操心。往年比较简单，只要把孩子们的名字报给学校，学校都会批准他们入队，在六一儿童节前让所有孩子戴上红领巾。尽管孩子们当时很兴奋，但劲头一过去，孩子们的行为习惯并没有相应进步，甚至还有孩子因为入了队就更加放松了，这让陈老师与同事比较苦恼。在学校一年级组的统一协商下，他们准备改变一下入队教育，由陈敏老师率先作出示范，其他班级跟进。

案　例　　　　　　　　　　**让入队教育系列化**

第一阶段是"队的知识我知道"，主要让孩子们比较系统地接受少先队的相关知识和礼仪教育。以陈老师的班级为例，在音乐课上，孩子们学唱了《红领巾飘起来》；在美术课上，孩子们画了"红领巾真鲜艳"的画；在形体课上，老师指导孩子们学习敬队礼，让大家知道了手要高举过头顶，代表着"人民的利益高于一切"；孩子们还在大队委姐姐的带领下参观了队部室，观看了革命影片。

第二阶段是"技能闯关我能行"。主要是围绕前一阶段学过的相关队知识、队礼仪，组织孩子们进行有意思的过关检测活动。为了锻炼孩子们的实践能力，年级组要求每个班级负责一个场地，承担某个项目的过关检测工作。陈老师班级负责系红领巾项目，为此，各小组迅速行动起来。宣传组用海报方式介绍系红领巾的要求、标准，帮助参与过关的同学做到心中有数。秩序组引导过关同学有序参与，不插队，不喧哗。后勤组负责提供卫生保洁、物资准备和相片拍摄等工作。最核心的是评委组，小评委们需要非常熟练地掌握系红领巾的相关技能，能规范、快速地系好红领巾，同时还需要判断其他小同学系红领巾的水平，这是一项技术水平比较高的工作。经过集思广益，大家找到了简单可行的"三星标准"，即口诀背熟、红领巾系漂亮的，可以得到三颗星；口诀背熟但是红领巾系得不够好的，可以得到两颗星；口诀没有背熟，红领巾系得歪歪扭扭的，只能得到一颗星。

第三阶段是"参加入队我自豪"。当天的入队仪式，气氛非常热烈，孩子们在全体家长的见证下，凭借自己的努力，终于系上了属于自己的红领巾，成为了一名光荣的少先队员，很自豪，很骄傲。

我见证了入队仪式的全部过程，感觉到学校的入队教育是扎实有效的，现场孩子们有序的表现、自豪的表情，反映了他们真正受到了教育，达到了入队标准，从一个自由浪漫的儿童变成了有责任意识的少先队员。因此必须重视入队仪式，要通过扎实的入队活动，帮助孩子们获得积极而丰富的情感体验。

一是需要加强队前教育。尽管红领巾、少先队在小学阶段非常普遍，但不意味着孩子们对红领巾会自然地实现认同。这需要教育和引导，否则孩子们对红领巾的情感是不深刻的。我观察到在一些学校里，孩子们有随手乱扔红领巾，用红领巾随意擦手擦汗等现象，极有可能就是队前教育不到位的原因。具体来说，强化队前教育环节，在内容目标上要实现"六知六会"，即：知少先队名、知少先队的创立者和领导者、知少先队的队旗、知少先队的标志、知少先队队礼的意义、知少先队的作风；会戴红领巾、会读入队宣誓词、会行标准队礼、会唱队歌、会呼号、会参加队的活动。在方式手段上要多样化、趣味化，让孩子们在看一看、听一听、考一考、唱一唱、练一练、比一比等喜闻乐见的活动中，轻松掌握相关知识和技能。

二是需要强化仪式组织。入队仪式是孩子们进入少先队的重要标志，是孩子们身份感的重要转折点。有没有仪式，仪式质量高不高，对孩子们身份感的获得至关重要。少先队组织本身有一套完备的入队仪式要求，包括全体立正—出旗—唱队歌—宣布批准新队员名单—授予队员标志—宣誓—共青团组织代表或辅导员讲话—呼号—退旗—仪式结束，我们要严格贯彻执行，不打折扣。另外在这个基础上，为了提升仪式效果，还可以根据学校和学生的实际进行创新。比如授予者的人选，可以是老师，也可以是家长，还可以是学长。光明小学选择的是家长，而且提前还对家长进行了相应培训，不但规范地完成了仪式，而且让家长一起见证了孩子的成长，有利于教育的协同。

入队是学生组织生活中的一件大事，入队仪式一般由学校统一组织，但并不意味着班主任不能有所作为。相反地，班主任的重视与投入，包括后期的跟踪与宣传，会更加强化组织教育的效果，帮助学生享受这个有特殊意义的成长节点。

四、毕业典礼：让学生享受成长的荣耀

光明区长圳学校的李仰燕老师长期带高年级，对高年级学生的身心特点把握得非常准确，开展了许多有意思的班级活动。就我个人而言，印象比较深刻的是她给学生的一份毕业礼物——班级毕业日记。

这个礼物源于一件留言风波。数学老师有一次下课来到李老师处，很气愤地把收缴的学生留言册放在李老师办公台上："你看孩子们上课都写些啥乱七八糟的。"李老师随便一翻，吓了一跳，里面相互鼓励的语言很少，到处充斥着爱情宣言，还有一些简直不堪入目的赠言。的确，孩子们到了六年级，临近毕业，比较躁动。一方面难舍同学之情、师生之情，另一方面又不懂得如何正确表达。怎么办呢？李老师决定主动出击，进行正面引导。她先向孩子们示范如何优美地书写同学赠言，给他人留下美好的回忆和鼓励，同时又鼓励大家为班级写留言，为班级留下美好的毕业记录，引发了同学们的

兴趣。于是，班级的集体创作——毕业日记就这样开始了，刚好离毕业还有30多天，每天一到两人负责撰写，慢慢地形成了一份独特的毕业作品集。我们一起来看其中几篇。

<table>
<tr><td>案 例</td><td>毕业日记选</td></tr>
</table>

（一）

今天是五月二十七日。老师说离毕业最多只有三十多天了，大家的表情都很淡定。但我知道每个人心里都是不舍的，在剩下的不多的日子里，我们要把这份美好的记忆保存下来。这本册子是我们最后的回忆，老师说要我做好榜样，我很荣幸我是第一个写的，我确确实实有很多话想写，但属于我们的记忆太多太多，让我不知从何写起……

（二）

今天是五月三十日，我们在一起的日子又减少了一天。虽然我们要分开了，但是我们迎来了我们最期盼的节日——六一儿童节。今天我们的安排是早晨看教育电影《走路上学》，上午看文艺汇演，下午开始游园活动。这是我们离别前最快乐的一天……

（三）

今天是六月四日，尽管我们有太多的无奈与不舍，也无法抗拒离别的那一天，我们唯一能做的就是用这本班级日志，记录最后不过二十天的点点滴滴，让它成为我们永不磨灭的珍贵记忆。今天轮到我写班级日志，我感到非常兴奋和困惑。今天发生了太多事情，应该从何写起？就在我冥思苦想之际，我想到了今天下午老师生气的场景。老师生气，在别班同学的眼中并不是什么稀罕事，但是在我们班却是非常罕见的，更何况是李老师生气了……

（四）

今天和明天是我们六一班在一起的最后两天，真舍不得啊。今天晚上的作业有点多，可是我现在想到的并不是作业，而是六一班的同学们，我想到了自作多情的王汉斌，想到了实实在在的李翔，想到了高大魁梧的涂文浩。我并没有说假话，是因为我们在一起的时间只有最后两天了……

（五）

今天是七月四日，期末考试了，我们只剩下最后两天穿这套"兄弟姐妹装"。将来我们分道扬镳了，也不能忘了我们曾经是同一条道上的人，人分心不能分，更不能忘了我们的友谊很珍贵。不管未来有多遥远，一路上有你有我，不管相逢在什么时候，我们是天长地久的朋友……

当毕业那一天真正到来的时候，李老师拿着两份礼物走进教室。一份是班级相册，是班级从一年级走到六年级一些珍贵的影像，另一份就是最后30多天，全班同学一起完成的毕业日记，由李老师编辑、打印，人手一本。当大家排着队从老师手中接过这两份珍贵的礼物，每个人都饱含热泪，分外激动。我很欣赏这样的毕业形式，没有高大上，有的只是一份纯粹的情感和令人永难忘记的礼物，相信每位学生都会因此记起曾经共同学习和生活的点点滴滴，满满的都是回忆、感恩，都是成长的感动。因此，我认为毕业典礼要让所有学生真正体验成长的荣耀。

一是学会梳理记忆，表达感恩。毕业之前的同窗岁月，可能是三年，也可能是六年，但无论多久都必定有一段酸甜苦辣的共同回忆，一定要通过某些方式把这份记忆留存下来。大家习惯于用视频、照片保存记忆，这自然不错，但从李老师的材料来看，我们发现文字也是一种很好的方式，当然还有一些实物，这就需要老师与同学们学会及时保存、归档与整理，相信对每个人都是一笔极为难得的精神财富。李镇西老师是这方面的示范者，他曾经把所有自己带过的学生的作业本等物件一一保存，待到学生成人后，再来翻阅，很显然是一件让人激动的事情。

二是付出实际行动，体会成长。这是与小学毕业的特定意义有关的。因为他们即将离开校门，迈入中学，开启新的学业，成长在这里显得如此真实。因此，赋予他们一份责任与担当，是对成长最好的诠释，也是毕业教育的另一种更深远的意义。因此有些学校会组织毕业旅行，让学生自主策划、自行组织，这是对学生进行全方位锻炼培养的举措，而且还有走向远方的寓意。也有学校鼓励学生为学弟学妹们制作学习经验影像，为学校种植毕业树，为社会开展毕业公益服务，也很有价值。

三是形成毕业课程，丰富生活。这是更高级的思维，是从课程化的角度进行整体设计。如江苏省常州市武进区星河实验小学的校本毕业课程（见下表）[①]，从儿童立场出发共分为"昨天·最美风景""今天·和谐交响""明天·创想未来"三大板块，既有过去也有未来，既有主题活动又有学科渗透，内容十分丰富。如果我们参照借鉴，再结合本班本校实际做些创造性开发，相信一定会让全体师生们过上一段难忘的毕业生活。

表 13　校本毕业课程范例

板块与主题	课程内容	课程目标
昨天·最美风景	1. 为老师画像：寻访最美教师 2. 绘校园场景：寻找最美角落 3. 创师生长卷：寻觅最美童年	通过对六年校园生活和成长历程的回顾，抒发对母校、老师、同学的眷恋之情，提升艺术表现力和创造力
今天·和谐交响	1. 体验日：实验中学一日体验活动 2. 种植日：前黄高中种一片创想林 3. 梦想日：开展梦想主题演讲比赛	初步感知未来的学习和成长，进一步明确目标，为顺利完成小初衔接作好准备，提升交往与社会活动能力
明天·创想未来	1. 团队拓展：嬉乐湾户外一日集训 2. 纪念手册：留驻时光里的美好故事 3. 毕业典礼：铭记星河，创想未来	在活动中提升学生的实践与问题解决能力、反思与自我管理能力，带着学校气质走向未来的学习和生活

---

① 钟桂芳：《"创想·毕业"——小学毕业课程的构建与实践》，《班主任》2018 年第 8 期，第 19–22 页。